年商1億円！（目標）ばあちゃんビジネス

うきはの宝株式会社
代表取締役
大熊 充

はじめに

「ばあちゃんビジネス？　そんなの無理に決まってるよ」

僕の話を聞いた人の九十九パーセントはそう言いました。

仕事仲間だけじゃありません。友人や家族からも
「年寄りが働けるわけない」

「金にならない」

「詐欺みたいじゃない？」

と、それはもうボロカスに言われました。それでも僕には確信があったんです。

「ばあちゃんビジネスは、ぜったいに成功する！」


僕はずっとそう信じているし、そういう世の中になるように動き続けています。

皆さんは、どう思いますか？

僕の名前は大熊充《おおくまみつる》。デザイナー業の傍ら二〇一九年、ふるさとの福岡県うきは市で「うきはの宝株式会社」（以下、うきはの宝）という会社を設立しました。地域のおばあちゃんに働く場を提供し、「生きがい」と「収入」を創出する「ばあちゃんビジネス」のための会社です。ここから僕は、「ばあちゃんビジネスを始めたちょっと風変わりな社長」みたいな感じで知られるようになりました。

うきはの宝は、うきは市に住む七十五歳以上の高齢女性たちが働く会社です。現在、七十五歳以上の「ばあちゃん」と、六十歳以上の「ばあちゃんジュニア」、ばあちゃんたちの仕事をサポートする若手スタッフが、世代を超えて協力しながら働いています。

料理上手な人、話し上手な人、グループをまとめるのがうまい人、元気がいい人、おとなしくて真面目な人……とまあ、年齢も個性も様々なばあちゃんたちが、週に一～二回、市内の山間にある作業場に集まって、ワイワイ話をしながら仕事をしています。みんな、四十代の僕よりずっとパワフル。頭の回転が早くて口も達者で言い負かされそうになることもしょっちゅうです。

わが社の主力商品は、全国のすてきなばあちゃんを紹介する『ばあちゃん新聞』。そして、ばあちゃんたちと一緒に開発した『蜜な干し芋』や『しょうが漬け』などのオリジナル食品。以前は、うきは市で食堂を開いて、ばあちゃん飯を提供していました。この食堂や『蜜な干し芋』はクラウドファンディングで支援を呼びかけたところ、めちゃくちゃバズって大ヒット。ＮＨＫの『あさイチ』をはじめ、多くのマスコミにも取り上げられました。

「地元のおばあちゃんたちが、うきはの宝なんですね」

僕らの取り組みを見た人たちはそう言います。もちろん、それも宝です。でもこの社名には、うきは市のばあちゃんたちが大事に受け継いできた伝統ある食文化や、ふるさとの食にまつわる知恵を、未来の宝である子どもたちにつないでいく――そんな信念を込めています。

ふるさとのばあちゃんも、子どもたちも、文化も、ぜんぶが宝。

とはいえ、うきはの宝は最初からうまくいったわけじゃなくて、一歩前に進むたびに思いもしなかった壁に跳ね返される、その繰り返しでした。

そもそも、ばあちゃんたちと出会うまで僕自身の人生はどん底。二十代の後半は長く入院していて誰からも必要とされず、「俺の人生終わったー」と自暴自棄になっていた時期もありました。

僕には全国に一万人以上のじいちゃんやばあちゃんの友達がいます。といっても、相手は僕のことなんてもう忘れているかもしれませんけどね。今も毎日、各地に住むじいちゃん、ばあちゃんから電話がかかってきて話をしています。

僕が出会ってきたじいちゃんやばあちゃんたちは、一見ふつうに暮らしているんだけど、よくよく話を聞いてみるといろんな悩みを抱えています。

「毎日することがない」

「金がなくて生きた心地がしない」

「早く死にたい……」

超高齢社会の日本に、「早く死にたい」と訴えるじいちゃんやばあちゃんが大勢いる。隅に追いやられて、しょぼくれているんですよ。そんなの放っておけるわけがない。

じいちゃんやばあちゃんが活躍できる社会、必要とされる世の中にならなくて、誰が「人生一〇〇年時代」に希望を持てるのか。僕は自分自身が必要とされなかった時期が長かったから、痛烈にそう感じます。じいちゃんやばあちゃんの気持ちがめちゃくちゃ分かるんです。

超高齢社会の今、増え続ける社会保障費に国や地方自治体の予算はひっ迫して、若者世代にそのしわ寄せがきています。でも元気な高齢者が増えれば、この問題にも解決の糸口が見えてきます。みんなが恐れている「認知症」も、社会とのつながりの中で予防や緩和ができるかもしれないという報告があります。

今はまだ三十代、四十代の僕らの世代も、いずれじいちゃんやばあちゃんになる。そんなシニア予備軍やもっと若い世代が希望を持てる世の中にするには、今の現役のじいちゃんやばあちゃんが輝ける仕組みを真剣に作っていかないと。もう待ったなしのところまで来ています。

そんな世の中は、うきはの宝だけでは実現できません。企業や行政を巻き込んで、みんなで作っていくものだから。僕らの役目は道を拓くこと。

全国各地でいろんな人が、

「お、ばあちゃんビジネス、うちの地域でもチャレンジしてみよう」

と立ち上がりやすくなるように、率先して道を拓く。小さな田舎のうきは市から、じいちゃんやばあちゃんたちが「社会に出て働くのっていいね、悪くないよね」と実感できる成功モデルを全国へ発信して、盛り上げていく。それが僕らの役目です。

うきはの宝の目標は、年商一億円（仮）！

一億円以上の可能性は十分にあると考えているから（仮）です。僕らのように年商一億円を目指す人がいてもいいけど、そのビジネスが無理なく継続していけるなら、年商は関係ない。数字はあくまでもひとつの目安。大事なのは継続することです。

この本を通して、ばあちゃんビジネスに共感してくれるたくさんの仲間と出会えたら嬉しい。じいちゃんやばあちゃんが輝く世の中を作るにはいろいろな方法があるんだと、この本が気づきや考えるきっかけになってくれたら最高です。

全国のじいちゃんやばあちゃんも、これからシニアになっていく世代も、みんなそれぞれに言い分があって、解決策があるはずです。みんなが「生きててよかったー」「長生きっていいもんやね」と希望が持てる世の中、明るい未来への一助になれば、これほど嬉しいことはありません！

目次

第三章 ばあちゃんビジネス成功のポイント

働き方の希望は人それぞれ

「適度なストレス」は健康にいい

目標は少し高めに設定

地方都市で小規模で始めるために

ビジネスコンテンツはヒアリングから

商品は安く売りすぎない

ボランティアの依頼は引き受けない

旗を振る勇者になれ！

何かを残すために生きていく

うきはの宝　ばあちゃんの声1

うきはの家庭料理を若い人たちに伝えられるのが嬉しい

うきはの宝　ばあちゃんの声2

まずは自分を大切に、無理せず楽しく仕事をしています

第一章

ヒット続出！
ばあちゃんビジネス

ヒット商品を生み出すのは、ばあちゃんたちの知恵

「うきは市に、七十五歳以上の高齢者が働く会社を創ろう」

「名前は、うきはの宝！　ばあちゃんたちの知財を後世につなごう！」


二〇一九年十月一日、僕は意気揚々とうきはの宝を創業しました。

うきは市は、福岡県と大分県の県境にあり、耳納連山《みのうれんざん》というでっかい山々が連なる麓に広がっています。耳納連山は市民にとって心のお守りのようなシンボル。僕がふるさとに帰ってきた時も、「おかえり」って包み込んでくれる、そんな山です。

自然が豊かで、湧き水がおいしくて、生活水もほとんどが井戸水。水と土がいいから昔から果物の生産が盛んで、福岡のフルーツ王国とも呼ばれるうきは市ですが、他の地方都市と同じように過疎化が進んでいます。

二〇二四年現在の人口は約二万七千人。そのうち三十六パーセントは六十五歳以上の高齢者が占めています。うきはの宝の社屋がある山深い妹川地区に絞ってみる

と、住民の多くが農家で約四十九・五パーセントが高齢者。しかも圧倒的に女性が多い。もう、絵に描いたような超高齢化の山村です。

だけど、うきは市は人の気質も穏やかで、どの地区も昔から隣近所の付き合いがすごくいい。僕が子どもの頃なんて、隣の家に上がり込んでご飯を食べさせてもらったこともしょっちゅうでした。

そして、年を取っても元気ハツラツ、昔と同じように世話を焼いてくれるばあちゃんたちがたくさんいます。

現在、うきはの宝では七十五歳以上のばあちゃん、六十歳以上のばあちゃんジュニア、僕を含めた四十代以下の若手スタッフの総勢十八名が働いています。

そのほとんどが七十五歳以上。二十代から九十代まで、世代を超えたメンバーそれぞれが得意な分野で力を発揮し、協力しながらビジネスを継続させていく。そんな「多世代型協働モデル」のビジネスが僕らのスタイルです。

ばあちゃんたちが働くのは、だいたい週に一日から二日。一日につき午前中の三、四時間といったところでしょうか。一人ひとりの予定に合わせて、からだに負担がかからないペースで出勤してもらっています。契約形態にはアルバイトと委託があり、アルバイトの場合は時給九百九十二円で計算してお給料を渡しています。（現行の福岡県の最低賃金）

うきはの宝のビジネスのベースになっているのは、ばあちゃんたちが長い人生の中で培ってきた知識や技術です。

厳しい時代を生き抜いてきた彼女たちの中には、この先に残していくべき価値のあるものがたくさん息づいている。僕はそう思っています。そして実際、ばあちゃんたちの知恵を活かして開発した商品の中から大ヒットが続々と生まれています！

特に受け継いでいきたいのが食の知恵。ばあちゃんたちが考えた食品、ふるさとの食材を活かしたおいしい一品。これを製造して販売します。通信販売が中心ですが、店舗や企業への卸売や小売、マルシェなどのイベントにも出店しています。

大ヒット商品は『万能調味料』や『蜜な干し芋』。特に『蜜な干し芋』は話題を呼んで、福岡県知事賞にも輝きました。

こうしたばあちゃんのレシピと並んで、うきはの宝の屋台骨となっているコンテンツが、『ばあちゃん新聞』です。

これは全国の元気なばあちゃんたちを紹介する月刊の新聞で、フルカラーのタブロイド判・全十六ページ。発行部数は毎月五千部です。うきはの宝のスタッフをはじめ、全国の特派員が記事を書いています。

また、地域の生産者や企業と共同で商品開発をする機会も増えています。

たとえば『ばあちゃんオリジナルもんぺ』は約二百年の歴史があり、重要無形文化財の久留米絣を使った野村織物さんとのコラボ商品。ばあちゃんから孫まで愛用できると大評判をいただきました。

『蜜な干し芋』『ばあちゃん新聞』『ばあちゃんオリジナルもんぺ』。これらの商品は、クラウドファンディングでバズって人気に火がつきました。

製造や物販の他にも、YouTubeチャンネル『ユーチュー婆』の配信や、高齢者就労のコンサルティングや講演会、セミナー等の講師の依頼も受けています。これは基本的に僕が個人で動いていて、今もあちこちに出張しています。

全国の自治体や地域の民間事業者の方々、これから高齢者と一緒に仕事を創ろうとしている方や、既存の事業に高齢者の就労を組み込もうと検討されている方。

「ばあちゃんビジネスって面白そう！」

そう思う方は、ぜひご依頼お待ちしています！

社を代表する大ヒット商品『蜜な干し芋』

『蜜な干し芋』はうきはの宝を代表する大ヒット商品です。とにかく、そんじょそこらの干し芋とは比べものにならないくらい甘い！

世代を超えて人気の干し芋を、ばあちゃんのオリジナルレシピで作ったこの自信作は、二〇二三年十一月にクラウドファンディングの『Makuake《マクアケ》』で発表。半径一キロ圏内で応援してくれる人を集められたらいいかな、と思っていたら、発表してすぐ目標金額の二十万円をクリア。期間内に百六十万円の応援金が集まり、その後も通販などで売れ続け、約十カ月後には一千万円近く売り上げました。

購入者の感想を読むと、刺さったキーワードは「ばあちゃんが作った」、でした。

『蜜な干し芋』はうきはの宝の大ヒット商品。

やっぱり、ばあちゃんたちが大事なんです。

とはいえ、完成するまではもう大変！　開発会議の時、ばあちゃんたちからは「戦時中とか芋ばっかり食べたけん、もう見たくなか」とか「昔の芋は甘くなかった」とか、やる気のない本音が出てきました。試作も超難航。干し芋を作って持ち寄ったり、会社で芋を焼いたりふかしたり……。「煙たいばっかりやん」とか「手間がかかる割にはおいしくない」とか、不満の嵐です。

全国の有名な干し芋を買って研究もしたけど、ん～、どれもいまひとつピンとこない。ばあちゃんたちがおいしいと思うレシピを根気強く探るしかありません。

そもそも芋って、品種はもちろん、気温やその時の状態で味が全然違うんです。それを商品化するには、味を標準化しないといけない。職人技が必要でした。

大量に仕入れて熟成させた芋を腐らせたり、蒸す時の温度が悪くて甘みや柔らかさが出なかったりと、失敗も数知れず。外気や機械で少しずつ温度を変えながら乾燥させる適温を探ったり、マルシェのお客さんに感想を聞いたり。思うように進まないレシピ作りに、ぜんぶ放り投げたくなる日もありました。

でも、どうしてもあきらめきれなかった。来る日も来る日も、ばあちゃんたちと干し芋を作っては食べ、作っては食べ……。このチャレンジを三年間繰り返しました。だから、レシピが決まった時は、自分たちでも驚きました。びっくりするほどしっとりとしていて、めちゃくちゃ甘い！　これだ、と確信しました。

通販で大ヒットして福岡県知事賞も獲得。世間の評価的にも「他とは比べ物にならないほどウマイ！」というところまでいけたんです。

ずっと関わってくれたばあちゃんたちは、疲れたことでしょう。「大熊くんにうまいこと乗せられた」と思ってるかもしれない。最初は「こげなもん売れるとかね」って自信なさげだったし。

でも、商品が世に出たら大反響で、県知事賞までもらって、表彰式にも出席して、お祝いのご飯も食べて。みんなみんな、喜んでくれました。

「やったかいがあったね！」って。

うきはの宝みんなで獲った、県知事賞です。

『ばあちゃん新聞』に暗い話はいっさいなし！

『ばあちゃん新聞』を全国へ。思いと知恵を後世に――！

そんなコンセプトのもと、二〇二三年十一月に創刊したのが『ばあちゃん新聞』です。以来、十六ページ・フルカラーの新聞を、毎月一日付で発行しています。

この新聞に暗い話はいっさいなし！　戦時中や戦後の暗く、荒々しい時代の話もあえてしない。とにかく読者に前向きな将来を思い描いてもらえるような、心が温かくなる話題だけを載せようと、発刊前から決めていました。

値段は月購入の場合、一部三百三十円（税込）。年間購読の場合は六千五百七十八円（送料・税込）。購読者のほとんどは年間購読です。

発行部数は毎月五千部、実売は三千五百部から三千七百部と伸び続けています。

購入先の内訳を見ると、一般家庭の年間購読者が約七百世帯。そのほかは銀行や病院、介護施設など、高齢者がよく利用する企業や施設、若者が集まる大学などが何十部とかまとめて購入してくれています。企業やスーパーマーケット、小売店への卸しが約十カ所。それぞれ楽しみに購入してくれるお客さんがいらっしゃいます。

「ペーパーレスの時代に、なんで新聞にしたの？」と、よく聞かれます。

じつは、うきはの宝もＷＥＢ制作の方が強い会社です。それでもあえて紙にしたのは、新聞の衰退と高齢者の衰退が少し似ているな、と感じたから。僕自身も新聞が好きだし、じいちゃんやばあちゃんがバリバリだった時代の情報源といえば新聞だったでしょう。僕はそんな新聞文化を復興させたい。そして、若い世代に伝えていきたかった。

当初、想定していた読者層は三十代、四十代の女性。でも、ふたを開けたら七割が六十代、七十代の女性でした。

つまり、紙面に登場するばあちゃんたちよりちょっと年下の方々で、先輩のばあちゃんたちがどうやって元気にしているのかに興味がある。先輩の高齢者の暮らしを見ながら、自分たちの未来のあり方を探っているんですね。

世間では高齢者とひとくくりにしがちですが、今の七十代と八十代はまったく違います。八十代以上のばあちゃんは戦中、戦後を生きているし、七十代は高度経済成長期が青春。時代背景が違うから、違うのは当たり前です。

紙面を作っているのは、僕らうきはの宝のメンバーと、この試みに賛同してくれた全国の特派員たち。デザイナーやカメラマンも含めると、毎号約二十名が制作に携わっています。

特派員は全国に三百名ほどいて、十代から七十代まで、全員がボランティアです。SNSを通して「私も書きたい！」という希望者も数百名に膨れ上がりました。今は皆さんに書く機会を提供できていないのが心苦しいほどで、その対策はまた後ほどお話ししますね。

一番の人気企画は「ばあちゃん特集」

さて、『ばあちゃん新聞』の顔でもあるメイン企画は、全国のばあちゃん特集。表紙と連動して、約二ページ使っていろんなばあちゃんを紹介しています。

編集部には全国各地から、ここに登場したい人、登場してほしい人の情報がどんどん届くんです。「○○町の、全身黄色の服で仕事に行ってるばあちゃんを取材してほしい」とか、探偵に依頼するような内容も含めて、もう何百件という情報が集まっています。

何より好評なのが、表紙になるばあちゃんのいきいきとした笑顔。

「八十代には見えない、若い！」

「肌ツヤがきれい！」

「こっちまで元気が出る」

そんな感想に、編集部の僕らまで嬉しくなります。

インタビューの話題の中心は、そのばあちゃんの人生観。ごくごく普通の人たちなんだけど、八十歳、九十歳と、どういう考えのもとで、どんな人生を歩んできたのか――掘り下げて聞いていくと面白いし、何より話に深みがある。

穏やかで幸せな人生を歩んできたばあちゃんもいれば、波瀾万丈な人生を歩んできたばあちゃんもいる。有名な雑誌とかでは取り上げられないかもだけど、どのばあちゃんの姿もぜんぶ、読者の希望になっています。

毎月郵送でお届けします。

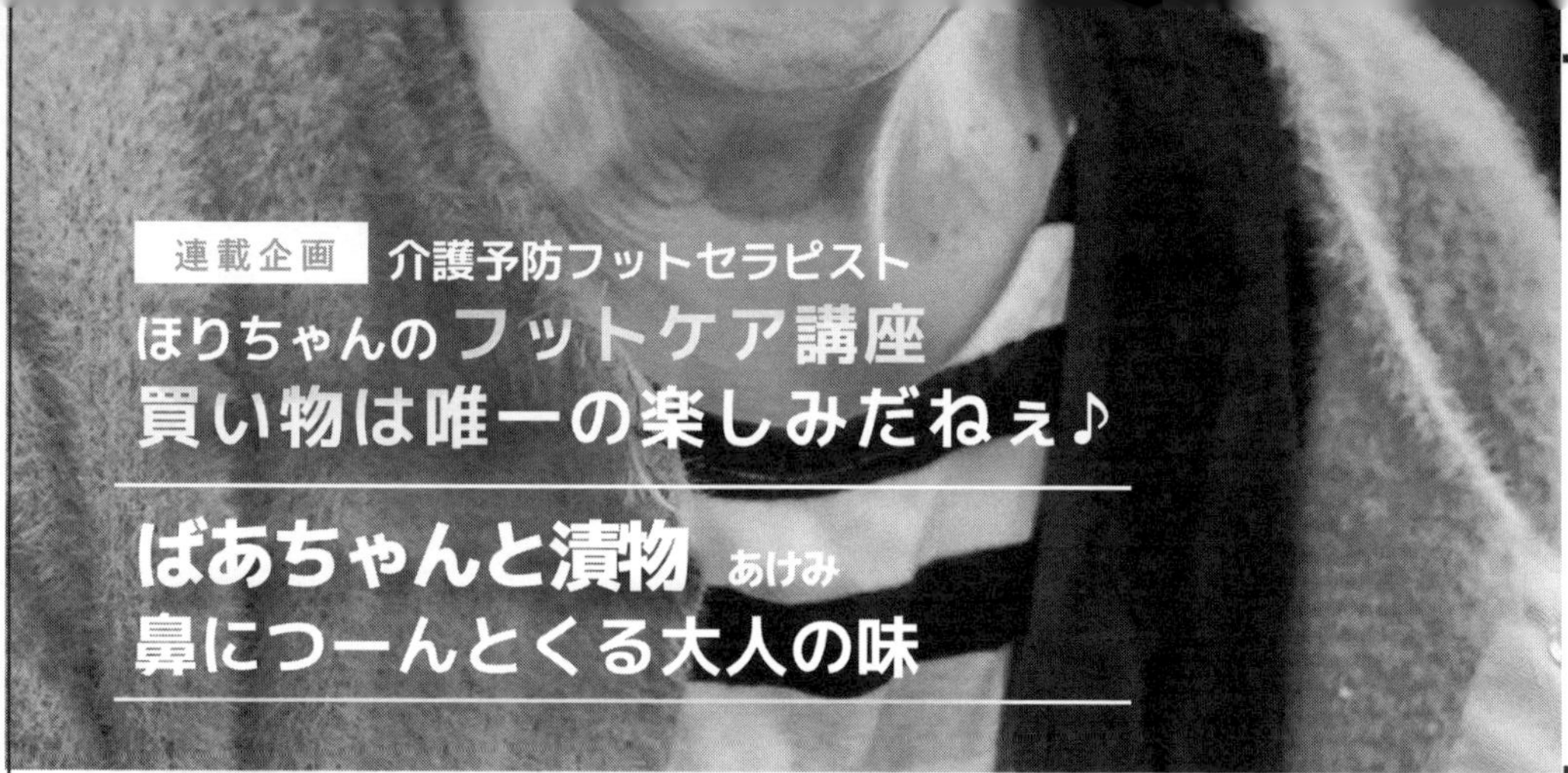

連載企画　介護予防フットセラピスト

ほりちゃんのフットケア講座
買い物は唯一の楽しみだねぇ♪

ばあちゃんと漬物　あけみ
鼻につーんとくる大人の味

間違い探しクイズ

紙面の中に誤字が隠れています！みつけた場合は編集部にLINEで教えてください。

抽選でプレゼントが当たる♪

厳しい暑さの頃ですが、読者の皆様はいかがお過ごしでしょうか。編集部のある福岡県うきは市は例年、大雨による水害の多い地域ですが、今年の夏は大きな被害もなく安心しております。7月はご依頼があって、ばあちゃん新聞のことを大学で話をさせて頂きました。7月12日は、福岡大学の「地域経営論」の授業の中で講義を、翌日の7月13日には九州大学の地域政策デザインスクールでは、「ばあちゃんビジネス」75歳以上のばあちゃんたちが働くことで経済活動をすることで生きがいと収入を得て健康寿命を伸ばす。」を演題に講演させて頂きました。講義、講演後、若い学生の方々からもばあちゃん新聞に興味を持ってもらい、新聞を手に取って読んでみたいと列を成して並んでいる状態です。もっと、もっとばあちゃん新聞のことを知って貰えるよう益々活動をしていきます。

　当分厳しい残暑が続きそうです。読者の皆様もお身体を大切になさってくださいませ。

ばあちゃん新聞編集長
うきはの宝株式会社
代表取締役　大熊　充

ばあちゃん新聞

「ばあちゃんレシピ」と「人生相談」も大反響

二つめの人気企画は、ばあちゃんレシピ。これは、うきはの宝のばあちゃんと、うきは市の隣の朝倉市でばあちゃんと孫が経営している『試器ＳＩＫＩ』というカフェとのコラボ企画。毎月、写真つきでレシピを紹介しています。

登場するのは、桜餅とか、たけのこご飯とか、若い世代なら食べたことはあっても作ったことはないような料理。地元の食材や旬のものを使って作るオリジナルレシピなので、味が全然違うんです。時々、ばあちゃん個人の知恵みたいなアレンジも入ってて、和風か洋風かも分からなくなってるところも面白い。

とはいえ、紙面に載るのはばあちゃんも知っているし、読者に作ってほしいから、むちゃくちゃな提案はありません。見た人が気軽に作ろうと思えるもの、普段パパッと作れるもの、からだにいいものを紹介したいと言ってくれています。

実際に作ってみると僕なんかからしたら味がちょっと薄めでね、そこがまたばあちゃんの味。メインには躍り出ないけど、愛しいおかずばかりです。

三つ目の人気企画が、人生相談。毎号、一人の相談者の人生相談に、うきはの宝のばあちゃん三名がそれぞれズバッと答えを出します。

たとえば、三十代の女性からのこんな相談。

「ママ友と適度におつき合いするコツはありますか？」

一人目は「あいさつが基本よ」

二人目は「人の悪口とかうわさ話はしないこと」

三人目は「どんな出会いも大事にしなきゃね。ゆるくつき合いなさい」

……という具合。答えには三人の個性が出ます。

最初は半ページ企画だったのに、あまりの人気で今では一面扱いに。これを見たテレビ局が取材にきて、レポーターの芸人さんが相談者になってばあちゃんたちの回答が放送されたこともありましたね。

そうそう、うちの新聞はばあちゃんばっかり出るから、

「じいちゃんを差別しとるやないか」

というお声もいただきます。じいちゃんに登場してもらったこともありますが、

スペースが小さくて目立たなかったんですね。

でも、安心してください。じいちゃんのことも、ちゃんと考えています！　ただ、ばあちゃんたちを元気にするというこの新聞が、もっと、ちゃんと、地に足がついたものになってから、です。


「ばあちゃん新聞、内容は面白そうだけど、読んだ後の始末に困る」

若い世代を中心にそんな声も聞こえてきます。ボランティアでいいからうちの地元の高齢者を紹介したい、という特派員の希望者も増えています。

だから、予定より早く『ばあちゃん新聞ＷＥＢ版』の制作を進めています。紙の新聞は僕ら編集部が作るけど、ＷＥＢ版は特派員になりたいという方々の記事をたくさん紹介できる構成にしたいと思っています。もちろん、ばあちゃん特集やばあちゃんレシピ、人生相談といった新聞の人気企画はＷＥＢでも閲覧できるし、ＷＥＢを通して新聞の購入もできます。

『ばあちゃん新聞ＷＥＢ版』は、二〇二五年に完全版をローンチする予定です。楽しみにしていてください！

高齢者の本音から作るコラボ商品

『ばあちゃんオリジナルもんぺ』は二〇二四年六月に、クラウドファンディング『Makuake』で、二百着限定で発表したプロジェクト商品です。

コンセプトは、ばあちゃんから孫まで着られるもんぺ。昔からもんぺを愛用してきた、うきはの宝のばあちゃんたちがデザインを担当し、二百年の歴史を誇る久留米絣を製造販売する福岡県八女郡の野村織物さんが、匠の技で製品化してくれました。

昔から作業服として愛用されてきたもんぺは、ゆったりとした腰回りと足元を絞った裾が動きやすいことでも知られていますよね。これがもっと日常の暮らしの中で着られたらいいのに。若い世代でも着られるようなデザインだったらいいのに。そうばあちゃんたちと話をしたのが始まりでした。

パートナーになってくださったのが、もともと自社でおしゃれなもんぺを作っていた野村織物さんです。野村織物さんのもんぺは機能的で抜群の着心地の良さ。しかも、生地のバリエーションも豊富です。社長が自ら染色した糸を使い、様々な色や模様の久留米絣が織り上げられていく――。工房でその様子を見た僕らはワクワクしました。

「きれいか～、こんなにたくさんの色や柄があるとね～」

そう言って目を輝かせるばあちゃんたち。感動する僕らの姿を見て野村織物さんも奮起してくださり、オリジナルもんぺ作りは熱い話し合いの中で進んでいきました。

完成した『ばあちゃんオリジナルもんぺ』は、軽くて、動きやすくて、気持ちがいい。染色が得意な野村織物さんならではの絶妙な色彩は、シンプルなデザインを表情豊かに見せてくれます。ばあちゃんたち世代はもちろん、ばあちゃんたちの孫世代も取り入れられるファッション性が魅力です。

クラウドファンディングも目標金額を上回る応援をいただき、ばあちゃんたちもこのコラボに大きな喜びを感じていました。

新しいところでは、家具の生産地として知られる福岡県大川市に本社を構えるタンスのゲンと、うきはの宝のコラボレーション企画が実現。『祖母の羽毛布団』が誕生しました。

そもそも、家具やインテリアの企画開発を手がけるタンスのゲンは、僕らの活動に共感し、『ばあちゃん新聞』にもスポンサーとして協賛金を出してくださっていました。そして、二〇二四年に創業六十周年を迎えるにあたり、タイアップ商品の企画の依頼をいただいたのです。

製品開発は、タンスのゲンのスタッフや布団職人と、ばあちゃんたちとの対話から始まりました。

ばあちゃんたちは昔、真綿布団を使っていた世代。今では羽毛布団を使うようになっていたものの、最近人気の羽毛布団を手にすると「これはちょっとね……」と違和感を示すのです。その違和感を深掘りしてみると、羽毛布団は時代とともに変化していて、エアコンが効いている家で使う今主流の羽毛布団は、ばあちゃんたちにとっては軽すぎることがわかりました。

ばあちゃんたちの声をもとに、寝心地のいい羽毛布団の研究がスタートしました。改善点を掘り起こし、試作品をばあちゃんたちが使ってまた感想をヒアリングし……と、粘り強く開発は続きました。その結果、羽毛の充塡量を昔主流だった一・

三キロに増やして、温もりと心地良さをアップ。綿一〇〇パーセントの華やかな生地で、おばあちゃん家《ち》を思い出すような懐かしさが演出されています。

『祖母の羽毛布団』を使ったばあちゃんたちは、

「ふかふかで軽いのに、とても暖かい」

「今使っている羽毛布団よりも断然いい！」

と、その仕上がりに大満足。持ち帰ってすぐに使いたい、と喜んでいました。

タンスのゲンとのコラボレーションの様子は、『ばあちゃん新聞』でも紹介していきます。


『ばあちゃん新聞』によって、こうした企業や生産者とのコラボレーションは増え続けています。

プロジェクトが動き出すたびに改めて実感するのは、ばあちゃんパワーのすごさ。やっぱりばあちゃんたちは「宝」なんです。

うきはの宝から全国のじいちゃん、ばあちゃんのパワーを結び、点から線へ、線から面へと広げ、たくさんの可能性を秘めた強いビジネスへと育てていきます。

米スタンフォード大学の教授も注目！

うきはの宝には国内外から多くの視察の方が訪れます。

その一組が、二〇二四年五月に訪れたケン・スターン氏の視察。ケン氏はＮＰＲ（米国公共ラジオ放送）の元ＣＥＯで、現在はアメリカの名門スタンフォード大学長寿研究所で仕事と健康の関わりを研究する教授です。

「アジアの中の日本、しかも福岡という地方の山の中で、九十歳近い高齢の女性たちが楽しみながら働いている――」

そんなうわさを聞きつけて、「ぜひ話を聞いてみたい」とわざわざ足を運んでくれたケン氏。高齢になってなぜ楽しそうに働けるのか、それが健康とどういう関係性があるのか、とても興味があるということでした。

わずか一日と短い滞在ではあったけど、うきはの宝のばあちゃんたちに時間が許す限り熱心にインタビューをしていた姿が印象的でした。

驚いたり、笑ったり、ばあちゃんたちと楽しそうに対話を重ね、ケン氏は最後にこんなメッセージをくださいました。

「うきは市に日本経済活性化のヒントがあった」

「健康長寿には、誰かに求められている役割があることが重要」

仕事は、生きがいになる。

ばあちゃんたちがいきいきと働く姿は、やっぱり町を元気にする！

ケン氏の言葉を聞いて、僕は改めてそう確信しました。

第 二 章

ばあちゃんに「収入」と「生きがい」を

絶望の中で過ごした二十代

僕がばあちゃんビジネスを始めたのが三十八歳。でも、そこにたどり着くまでには、長い長い時間がかかりました。社会に出ても何の芽も出なかったのです。

僕の最終学歴は中卒です。高校は中退したし、大学にも行ってません。特にグレてたとか、やんちゃしてたとかじゃないんですよ。うちの祖父母と母親は教師で、割と勉強もできた方です。ただ、中学の頃から何となく先生との折り合いが悪くて不登校に。進学した高校では心機一転！　と思ってたんだけど、また先生から妙に目をつけられて、廊下ですれ違っただけで殴られたり蹴られたり。「社会不適合者」とまで言われ、それ以来、大人が大きらいに。高校にも行かなくなって、退学した。それだけの話です。

地元には中卒の子を雇ってくれる会社なんてありませんでした。十八歳の時だったかな、二度と戻ってこないつもりでうきは市を飛び出して大阪へ。バイクが好きだったから、いつかバイク屋になるっていう夢も持っていたんです。

でも、やっぱり世間は厳しかった。バイク屋で修業しつつ肉体労働のアルバイトもしてたから、椎間板ヘルニアになってしまいました。からだはボロボロだし、お金もないし、住む場所も大阪から離れて各地を転々として、宮崎へ。

そして二十五歳の時、バイクの単身事故で死にかけました。

九死に一生を得たまでは良かったものの、ケガの手術からまた別の病気が発症して、二十八歳くらいまでは宮崎から佐賀の病院へと移りながら、入退院の繰り返し。右腕には障がいが残りました。

「ああ、もう右手が使えん」

そう思うと絶望的でした。ほとんど寝たきりだし、動くとしても車椅子。外には出られんし、バイクの仕事もできない。身の回りの世話も看護師さんに任せきり。将来なんてあったもんじゃねえ……。精神的にウツっぽくなって、自殺願望まで出てきた。

そんな僕を暗闇のどん底からすくい上げてくれたのが、同じ病院に入院していたばあちゃんたちです。

入院中、精神状態が不安定だった僕や、徘徊や転倒の恐れがあったばあちゃんたちは、夜になるとナースステーションの片隅で看護師さんたちに見守られて過ごしました。僕は慢性的な不眠症でずーっとボーッとしていた。そんな僕にばあちゃんたちはどんどん話しかけてくるんです。

「ねえねえ、あんた、どっから来たん?」

「何があったん?」

「いつからここに入院しとるん?」……

ウザい。そう思った僕はガン無視しました。

ところが、ばあちゃんたちは全然メゲない。

「どこが悪いん?」

「仕事は何しよるんね？」
「家族はおるん？」

今思えば若者が珍しかったんでしょう。でも、僕にしてみればガチガチに閉ざしていた心の壁を、遠慮なくよじ登ってこられる感じ。ウザくて、しつこくて、ものすごいパワーです。そのうちなんだか笑えてきて。しょうがねえなぁ、って。気づいたら、久々に人としゃべってました。

ばあちゃんたちが人生の恩人

ただ、メンタル最強なばあちゃんたちも、ある日急に容態が悪くなるんですよ。「今日は姿を見かけんなぁ」と思っていたら、看護師さんが「昨日急にお亡くなりになったんですよ」と。そんなことがしょっちゅうでした。

昨日までうるさいほど元気だった人が、今日はもういない。その現実を僕はなかなか受け止められませんでした。

「生きるってなんやろう」

ばあちゃんたちの死を目の当たりにして、真剣に考えるようになりました。結局、僕は勝手にふてくされていただけだったんですね。人生が終わったと自暴自棄になって、「すべてが無意味だ、もう将来なんかない」みたいに思い込んで。

でも、入院四年目にしてようやく気づきました。


「俺の人生、まだ何も始まっとらんやないか！」


結局、僕は自分の人生を生きようとしていなかったんです。ばあちゃんたちの方が、よっぽど自分の人生を生き抜いていた。

右腕が動かないくらいがなんだ、バイクの仕事ができないくらいがなんだ。

自分の人生を生き抜いてやろう！　強烈にそう思うようになりました。

ばあちゃんたちが僕を変えてくれた。

不幸だと思って「死」ばかり見つめていた若造を、「生」の方に引き戻してくれた。

そんなばあちゃんたちに、何とか恩返しをしたい！
それが、ばあちゃんビジネスの原点。僕の原動力です。

故郷のうきは市で再生を決意

考え方が前向きになった僕は回復力も上がって退院。地元のうきは市に帰って再生しようと決めました。

ところが、帰ってみて愕然としました。僕は社会から完全に孤立していたんです。四年間も入院している間に、みんなから忘れられてしまった……また被害妄想にむしばまれそうになりました。人と会う時間って大事だなと本当に思います。

でも、ばあちゃんたちに会う前の自分とはもう違う。僕はまず、働こうと思いました。生きていくためっていうのもあったけど、何よりも社会から必要とされる人間になりたかった。

地元に帰って最初にトライしたのは、入院中にお世話になった保険の仕事。僕も保険で誰かの役に立ちたかったんですね。でも、リーマンショックと重なったこともあり、面接を受けた二十社は全滅。でも、それならなおさら必要とされる人間にならんといかんな、と奮起しました。

次に考えた仕事がインターネット販売です。バイク屋時代の技術を活かして、自分で作ったオリジナルグッズをネットで売ってみようと考えました。バイクをカスタマイズする小さな部品やギターに取りつけるピックガードを、後遺症が残った右手でこつこつと作りました。

ネット上に自分の店も開かないといけません。今と違ってネットショップなんて主流ではない頃で、僕はデザインのデの字も知らないド素人でした。

でも、ネットのことはネットに学べ、です。アルバイトで食いつなぎながら、仕事の合間にネットでＷＥＢデザインの技術をマスターし、消費者の心理を踏まえたマーケティングとデザインのノウハウも自分なりに研究しました。

そうしてネット販売を始めたところ、僕のグッズは爆発的に売れたのです。

「うちの商品もＷＥＢサイトで売っちゃらん？」

「うちの会社のホームページも作ってくれんね」

僕のネットショップの評判を聞きつけた会社から、少しずつ仕事の依頼が来るようになりました。ようやく誰かに必要とされる時が来た！　僕は個人事業主として『大熊充デザイン事務所』を開業しました。

染み抜きのオーダーを受け付けるサイトや、農産物を売るサイト……まだＷＥＢデザインが主流ではなかった頃だったから、サイトを開けばすべていい結果につながった。それでも、コンビニやラーメン屋のバイトをかけ持ちしながら、デザイン一本で食えるようになるまで三年ほどかかりました。

デザイン事務所が軌道に乗り、商業デザインに関わってからは、瞬く間に時間が過ぎていきました。

事務所にプロフェッショナルなデザイナーを入れて、福岡市に拠点を移して、広告代理店を通して大企業の仕事を受けたり、県外の企業からも受注したり……。僕らはＷＥＢデザインの先駆けだったし、企業の業績アップにも確実に貢献できていたから、絶えず発注がありました。

四六時中、クライアントの収益や集客率アップだけを考え続ける日々。だけど、成果を出したとしても「当たり前」で終わり、次はもっと高い目標に向かって進み続けるだけ……。

当時は委託も含めて五人前後のスタッフで仕事を回していましたが、仕事の量が増えれば増えるほど、みんな精神的にすり減っていきました。


「何のためにこの仕事をやってんだ?」

「いつまでこの仕事のやり方を繰り返す?」

「七十歳までこの働き方でいいのか?」


そもそも、自分が培ってきたものを困っている人に還したくて始めたWEBデザインの仕事でしたが、「困っている人たち」は目の前から消え失せていました。

「僕たちが手助けをしなくちゃいけない本当に困っている人は、他にいるんじゃないのか？」

仲間と話し合いをする中で頭に浮かんだのは、入院中に僕を助けてくれた、ウザくてしつこくてパワフルな、ばあちゃんたちの顔でした。

移動困難な地元の高齢者を救え！

ばあちゃんたちに恩返しがしたい。でも、何をすればばあちゃんたちは助かるんだろう？

二〇一八年、僕はそのヒントを探りたくて、地元のうきは市で高齢者向けの無料送迎のボランティアを始めました。活動名はウーバーイーツをもじって『ジーバー』。いい名前でしょう？

いきなり家に押しかけて「何に困ってます？」と質問するのはさすがに迷惑だけど、『ジーバー』なら移動の手助けができるし、送迎中の会話を通して僕らに解決できる問題も探れると思ったわけです。

『ジーバー』はタクシーではありません。

僕が個人的に地元のじいちゃん、ばあちゃんに恩返しをしたくて始めた活動ですから、金銭やお礼の品はいっさいいただきません。僕が自分の軽自動車で、じいちゃんやばあちゃんを目的地まで送迎する。すごくシンプルな活動です。

だって、田舎の暮らしは車がないと立ちゆかないでしょう。

バスやタクシーも、もちろん大切で必要な移動手段です。ただ、田舎では家からバス停までもけっこう歩かなくちゃならないし、圧倒的に本数や台数が足りない。「運転はもうキツイ」「自動車免許を返納した」……そんなじいちゃんやばあちゃんがちょっと出かけたいって時に、わざわざお金のかかるタクシーを呼ぶのは二の足を踏むはず。そうして外出しなくなる高齢者が、全国には大勢いると思います。

だから、シェアの精神で世の中を変えていこうっていうのが僕のアイデアです。

A地点やB地点、みんなバラバラのところからC地点に行こうとする。でも、それができないなら、A地点とB地点をつないで車一台でC地点に行ったらいいんじゃないか。目的地が一緒なら乗り合いにすればいいんですよ。その方がコストや人件費、環境負荷も減らせる。いいことばかりじゃん！　そう思いました。

実際に、『ジーバー』のチラシを市内の高齢者が行きそうな場所に何千枚と貼ったら、めちゃくちゃ反響がありました。キャッチコピーは

「ポツンと一軒家までうかがいます」

『ジーバー』は地元の高齢者の間で「すごく便利だ」と大評判になりました。「ライドシェアの先駆けだ」なんて言われて、ドキュメンタリー番組にもなりました。

送迎のお礼に絶対にお金や物をもらっちゃいけない。これが『ジーバー』の鉄の掟です。「それでもいい、俺もボランティアしたい！」と、地元の電気屋さん、美容師さん、大工さん……最終的には八十名くらいの仲間が集まりました。

ソーシャルデザインとソーシャルビジネスを学ぶ

デザインの仕事と『ジーバー』の活動を並行してやり始めた頃、僕はもっと真剣

に社会課題に取り組みたくて、二つの学校に通い始めました。

ひとつが、日本デザイナー学院九州校。地域の課題をデザインによって解決するソーシャルデザインを学ぶために、三年間通いました。

もうひとつが、ボーダレスアカデミー。社会課題をビジネスで解決する起業家を育成するスクールです。

社会課題の解決法をデザインとビジネスの両面から学んだのは、僕にとって大きな収穫でした。社会課題を浮き彫りにするヒアリングの方法やデータの集め方など、専門的な方法もこの頃に習得。やみくもに問題を解決しようとするんじゃなくて、社会の構造そのものを整え直しつつ経済効果も上げるという、ビジネスを絡めた解決策を探るようになりました。


ばあちゃんビジネスの土台作りにも、スクール時代に学んだソーシャルデザインのフィールドワークが役立ちました。

ソーシャルデザインの基本は、ヒアリング。僕の場合は当事者=高齢者に話を聞いて、人それぞれの立場から見える「真実」と客観的な「事実」の両方があること

公共でもなく、福祉でもなく、
一市民《いち》による
うきは市内
高齢者
無料送迎
サービス
「ジーバー うきは」
お気軽にご利用下さい！
趣味
役所
買物
病院
床屋
整体
ジーバー うきは
その他
毎週水曜日限定！
ドライバーの
みっちゃんです。
公共・福祉ではなく
一市民として
取り組んでいます！
市内なら車道があれば
どこでも参上!!
気軽にご利用下さい！
←大熊 充（みっちゃん）
●送迎日……毎週水曜日のみ
●時　間……朝9:00 ～ 夕方4:00
●対　象……うきは市内在住の高齢者
↓予約はこちらから↓
☎ 090-[redacted]
予約の際にお伝え下さい！
❶「お名前・お迎え先の住所」を教えて下さい。
❷「お送り先・帰りのお迎え先」を教えて下さい。
ご予約・ご利用の際は、裏面の規約・条件を確認下さい。
うきは市全域、送迎対応します！
小塩・妹川・新川・田篭・姫治、「山間部」も「ポツンと一軒家」もOK!
Gber
規約・条件
1. 65歳以上の男女であれば利用出来ます。
2. 基本的に「お迎えの時間・帰りの時間が事前にわかれば」うきは市内どこでも無料送迎します。
3. 今のところ水曜日以外の巡回はできません。(みっちゃんの仕事と学校が休みの日のみ出動)
4. 送迎の際に簡単なアンケート調査や取材のご協力をお願いすることもあります。
5. ご家族からのご依頼もOK! ご家族も一緒に乗車可能です。(4人乗りなので、合計3名まで乗れます)
6. 送迎に際して万が一のケガや事故が発生した場合は、保険の適応内で対応します。(乗車の際にご説明します)
7. 送迎後、車を降りてからの転倒やケガ、各種問題に関しては、責任を負うことが出来ませんので予めご了承ください。(乗車の際にご説明します)
8. 飲酒・ギャンブル等の目的にはご利用できません。
その他、ご質問等ございましたらお気軽にお問い合わせ下さい。
☎ 090-[redacted]
わかもん代表
大熊 充まで
私達は「うきは市の市民による任意団体 わかもん」です！
年寄りは日本の宝、年寄りと若者を繋ぐ!!
2019年4月頃よりメンバーの自己資金を集め設立しました。
うきは市内在住の30代後半のコアメンバー6名を中心に、
協力者も合わせて、約20名ほどの団体です。
[わかもん] お問い合わせ先:090-[redacted] 代表:大熊 充
〒839-1402 福岡県うきは市浮羽町浮羽[redacted]
「心の伝承」
「地域において年寄りと若者とのつながりを築き、お互いの関係性を深めていく仕組みを作っていくこと」を目的として立ち上げました。僕たちが目指しているのは、超少子高齢化になっても多世代・多様な人がイキイキと暮らすうきはであり、「年寄りには生きがいを、若者にはやりがい働き甲斐を」持ってもらえる取り組みと事業をおこなっています。
「FLATFORM UKIHA」
拠点・集まる場として2019年4月にスタートした同じくうきは市内の地域団体が運営する、御幸通り公民館近くの「FLATFORM UKIHA」を使用しています。

を認識するところがスタートでした。

地道に、でも、徹底的に高齢者の声を集めました。『ジーバー』の送迎中に話を聞く。道で会ったじいちゃんやばあちゃんと世間話をする。自治会や公民館の集まりに出て、役員になって会議にも参加する。

そうやって地域にどんどん入り込んで、じいちゃんやばあちゃんと熱く議論を交わしてきました。

認知症や徘徊についてどういう考えを持っているのか、高齢者を狙った詐欺とか心配じゃないのか……。初対面の人にはなかなか心を開いてくれないじいちゃんやばあちゃんも、『ジーバー』で送り迎えをしていた僕にはみんな心を開いて本音を包み隠さず話してくれました。信頼って、大事です。

うきは市以外の土地でも、じいちゃんやばあちゃんを見かけたら積極的に声をかけて、話をして、仲良くなってきました。こうして僕は全国にたくさんのじいちゃんやばあちゃんの友達がいると思ってるけど、あっちはもう僕の存在なんて忘れてるかもしれません。でも、僕は誰とどんな話しをしたか、ちゃんと覚えてる。ひとつひとつの会話が、僕にとってはぜんぶ「宝」です。これほど膨大でリアルなデー夕は、僕だから集められたという自信があります。

浮き彫りになった高齢者たちの貧困と孤立

一年八カ月で『ジーバー』が出動した数は数千回！　約二百人の地元のじいちゃんやばあちゃんが定期的に利用してくれていました。

「最近、調子はどうですか？」
「移動の他に困ってることはないですか？」
「仕事がない？　じゃあ仕事があったら働きたいですか？」
「どんな会社だったら入りたいですか？」

そういうやり取りを地道に続けて、エリアごとに集計も取りました。

すると、七十歳までは働ける場所がある。でも、七十五歳から上になると雇ってくれる会社は皆無。七十五歳以上の高齢者は自営業以外の職には就けないという現状が見えてきました。

働く場所がない。車もない。だから外に出かけなくなった。


「ここ一週間で今日はじめて大熊くんと話をしたわ」

「久しぶりに人と会ったよ」

「うちの近所の◎◎さん、じつは孤独死でね……」

「もう、早く死にたいわ」


そんな胸が締め付けられるような声があっちでもこっちでも聞こえてきました。まだコロナ禍前だったにもかかわらず、みんな家でじーっとして、誰とも話してない。そんな人がめちゃくちゃ多かった。

浮き彫りになったのは、うきは市の高齢者たちの貧困と孤立です。

何しろ市の人口は減る一方。ピーク時から四割減りました。子どもが減って高齢化が進んで、所得なんて全国の低所得水準圏の下から数えた方が早いほど。自然や食べ物が豊かだし、白壁の街並みのような観光財産もあるけれど、観光客が来ても地元にお金は落ちないんですよ。

人口は半減する、収入も少ない。賑わっているお店はあるけれど外から来た企業だったり、外資系だったり。わずかな観光収入もそういう企業が持っていっちゃう。地方の田舎によくあるパターンです。

僕の目にはふるさとがどんどん衰退していっているように見えました。『ジーバー』をやっていた頃は、そんな地元を少しでも良くしたいという気持ちがあったんです。


結局、『ジーバー』の活動は一年と八カ月、コロナの感染症が拡大する前まで続きました。

コロナ禍こそ『ジーバー』の出番だと思っていたのに、「こんな時に年寄りを車に乗せて連れ出して！」とお叱りを受けました。マスコミであんなにもてはやされたのに、手のひらを返したように社会の悪者になってしまった。

しかもボランティアが当たり前になると、利用していたじいちゃんやばあちゃんたちも、だんだんわがままになってくるんですよ。「遅い！」とか「態度が気に入らん！」と理不尽に怒られることも増えてきて「なんだかなぁ」って思うことも増えました。

まあ、僕らの出費はガソリン代くらい。当時は一日走っても二、三千円かな。毎日の飲み代をガソリンに当てるつもりでやったらいいじゃん、って仲間と話していたんです。

じいちゃん、ばあちゃんに喜ばれている実感もあったし。何しろ燃えていました。高齢者と若い人の懸け橋になろう、世代間のつながりを作っていこうって。

年金だけじゃ、食っていけない

お金がない――。

それも高齢者が外に出ない理由のひとつでした。

実際に『ジーバー』で買い物に連れて行っても、みんなほとんど何も買わないんです、お金がないから。

二カ月に一度、決まった年金をもらうんだけど、一人暮らしで家賃を払ったら、もう残りはわずか。食料品の買い出しひとつにも躊躇《ちゅうちょ》するわけです。貯金額までは知らないけど、年金だけじゃとても暮らしていけないことだけはよく分かった。

ある時思いきって「生活費、いくら足りないの？」と聞いてみました。するとほとんどの人がこう言うのです。

「あと月に二、三万円あればラクになるんだけどね……」

約三千人にアンケートを取ってみて、社会から見た真実、僕から見た真実、高齢者から見た真実が、それぞれ分かってきました。

でも、事実はひとつだけ。

「年金だけじゃ、金が足りない！」

とはいえ、年金は上がらないし、国からだって単純にお金は引っ張ってこられない。だから、思いました。

「それならみんなで働いた方が良くない？」

実際に僕が話をした高齢者の六人に一人は「雇ってくれるところがあるなら、働きたい」と言っていました。世の人は「働きたいなんて言う年寄りがいるわけねえ」と思っているみたいだけど、確実にいるんです。

七十歳までは仕事がある。でも七十五歳からは仕事がなくなるという現実にも納得がいかなかった。

だったら七十五歳からでも働ける会社があればいいんじゃないか――。

これが、うきはの宝を立ち上げるきっかけになりました。

高齢者だって誰かの役に立ちたい！

「そんなの福祉でやる仕事じゃないの？」

そんなふうに言われたこともありました。でも、仕事は創り出すものでしょう。企業と連携して巻き込んで、社会にもっと高齢者が携わる仕事を創出しないといけないと思っています。

もちろん福祉や介護の仕事は、なくてはならない大切なものです。ただ、僕らの世代で「私の夢は将来、介護施設に入ることです」と言う人はまずいないでしょう。そこを人生のゴールにしちゃいけない、と思いました。

介護施設に入居している、じいちゃんやばあちゃんとも対話を重ねました。

施設に入居していると、食事や体操、昼寝、レクリエーション……で半日くらいが経ちますよね。一見お世話してもらうだけでラクそうだけど、これが気持ち的につらくて、もどかしいそうなんです。僕も入院中そうだったから、すごくよく分かる。

そして、「何が今、楽しいですか?」と聞いたら、こう返ってきた。

「職員さんのお手伝いをして、ありがとうって言われた時」

衝撃でした。お世話をされるんじゃなくて、お世話をしてあげたい。誰かの役に立っているという実感、もっと大きく言うと地域や社会の役に立っているという実感って、生きる上でものすごく価値のある力なんです。

僕たちもそうですよね。自分のためだけでは、やれないことがたくさんある。

ばあちゃんたちを主役にして、稼いだお金を地元で使う。そうすれば、地元に減っている若者に向けた仕事もどんどん創っていけるんじゃないか。世の中に元気なじいちゃんやばあちゃんが増えたら、元気な町や村が増えるんじゃないか。この頃はごく単純にそう思っていました。

七十五歳以上が働く会社の構想を話すと、九十九パーセントの人から「そんなの必要ない」と鼻で笑われました。まぁ、そうでしょう。課題を解決しようとしたら抵抗って当然あるものだから。

そんなことだから、課題は課題のまま残っている。合理性に欠けるとか、儲からないとか、既得権益をおびやかすとか。何らかの理由で残ったままなんです。課題を解決したら都合が悪くなる人がいる。環境問題もそうですよね。どこかを良くしようとすると、どこかが良くなくなる。

でも、デザインはそのバランスを取る作業。僕はそのプロフェッショナルです。

「誰に何と言われようと、ばあちゃんビジネスの会社を創る！」

決意は揺るぎませんでした。

「やりたくない仕事はやりたくない」

創業する前、じつは七十五歳以上のばあちゃんたちが収入を得られるなら、何の仕事でもいいと思っていたんです。内職の下請けとか孫請けとか、洋服の一部を縫うとか、縫い直しとか。

相談はたくさんありました。ただ、報酬がむちゃくちゃ安かった。たとえば洋服は一着縫っても数円、ゴムを磨いたり削ったり延々と作業するものは一個につき何銭とか。一日働いても数千円になるか、ならないか。これじゃ給料は渡せません。

だから、自分たちで新しい価値を創造して、世の中に提案するやり方を探りました。僕はデザイナーなので、普段からモノの価値を高める提案や、適正な価格で取引する提案スキルは山ほどあった。うきはの宝も自分たちのブランド、つまり、ばあちゃんたちが作るモノに価値を見出す方向にシフトしたんです。

どんな仕事がしたいか、ばあちゃんたちに集まってもらって、ばあちゃん会議を繰り返しました。送迎ボランティア『ジーバー』のお客さんや、近所のばあちゃんたちですね。地域の人からは、ばあちゃんたちを集めて何かを売りつけるんじゃないかと警戒されました。印鑑とか布団を売りつけるんじゃないかって。でも、きちんと説明して理解してもらいました。

仕事って好きなことばかりではないじゃないですか。つらいこともある。

ただ、ばあちゃんたちは、はっきり言うんです。

「八十歳にもなって、やりたくないことは、やりたくない！」

わがままだなぁと思ったけど、案外それって正しくて、強制労働は違うもんな、と痛感しました。できれば、ばあちゃんたちの特性や得意なことを活かした仕事がいい。得意なことで誰かに喜んでもらって報酬をもらえるのがいいなって。すごく勉強になりました。

話し合いの中でみんなの意見が一致したのが、「食」でした。ばあちゃんたちがうきは市で作って食べてきた田舎料理とか、この土地に伝わっている伝統的な料理。たとえば、むかごご飯とか、四方竹《しほうちく》というこっちにしか生えていないタケノコの水煮や煮付けとか、よもぎを使った団子とか。しめたサバを野菜と酢味噌であえたものとか、だご汁とか。

そういう田舎の郷土料理って、受け継いでくれる次の世代があまりいないんです。だから、ばあちゃんたちも知ってもらえる機会ができたら嬉しいねって。

よし、まずは食と料理でばあちゃんパワーを世の中に知ってもらおう！　方向性は決まりました。

ただ、どんなビジネスも、儲からないと成立しません。高齢者では儲けが出ないという世の中の常識をどうくつがえすか？　そこに僕のソリューションがあると思っていました。アイデアとデザインで、経営を変えていく。ソーシャルビジネススクール時代の先生や仲間の協力もあり、創業前の経営方針を固めていきました。

こうして、二〇一九年十月一日にうきはの宝を創業しました。

地元のじいちゃんやばあちゃんに「収入」と「生きがい」を！

明快なコンセプトのもと、ばあちゃんビジネスは動き始めました。

創業資金は三十万円

「元気はいいけど、大熊くんってお金なくない？」

確かにそのとおり。起業を決意した当時、僕の全財産は三十万円。お金が貯まってからでは、創業なんてできなかったでしょう。だから、「いつかやろう」はしない。お金を言い訳にするのはやめようと決めていました。

登記に十五万円がかかって、残る全財産は十五万円。でも、僕は資金を調達する方法も考えていました。

まず、ビジネスコンテストに出まくって賞を獲りまくりました。

福岡県主催のビジネスコンテストでばあちゃんビジネスを提案して、獲得した賞金が五十万円。賞を獲ったら講演の仕事もいただくようになって、コンテストの審査員になったり、前座の講演に出ました。そのギャランティも合計したら数百万円になりました。

二〇二一年に開催された農林水産省主催によるビジネスコンテスト「INACOME《イナカム》」では日本一、最優秀賞を受賞しました。チャレンジを繰り返す中で、僕の考えが世の中に必要とされているという手応えをつかんでいきました。

クラウドファンディングも活用しました。僕が一人でばあちゃんたちに仕事を創りたいと声を上げても、お客さんがそれを欲しないとビジネスにはなりません。だから、食堂という、お客さんとばあちゃんたちの接点になる場を創るために、クラウドファンディングで呼びかけました。「ばあちゃんたちの温もりのある手作りの料理を食べに来ませんか?」って。

この食堂は儲からなくてもいい。ばあちゃんパワーに注目してもらったり、働くことっていいよねと思ってもらえたらそれでいいと考えていました。応援の返礼品には、オリジナルのTシャツやばあちゃんが手編みした鍋敷き、ばあちゃんが作った米などを準備。応援金はあっという間に集まって、この実績で銀行の融資も受けられるようになりました。

手元の三十万円から始まって、コンテストの賞金やクラウドファンディングの応援金、銀行からの融資。合わせて一千万円近い資金で、ばあちゃんビジネスを回してきました。一年目はものすごく苦しんだけど、二年目は一千数百万円の売上を計上できました。

食堂は開店と同時に大行列！

二〇一九年、創業と同時にうきはの宝は、うきは市の妹川とお隣の吉井町でばあちゃんたちが働く食堂を始めました。妹川では廃園になった保育園を、吉井町では古民家を改装した建物の飲食ブースを借りて、土曜、日曜、祝日に、どちらか一店舗で営業しました。

「七十五歳以上のばあちゃんが働く食堂」

オープン前にクラウドファンディングで応援を募ったこともあり、ばあちゃんたちが働く食堂はすぐ話題に。テレビや雑誌などメディアの取材もひっきりなしでした。

営業時間は十一時から十四時まででしたが、メディアの影響もあり約二十席の店内が開店直後から予約で埋まって、お昼過ぎには材料が品切れになるほど大盛況でした。

食堂で出す料理は日替り定食一品のみ。価格は使う食材によって変動しますが、千五百円から千八百円に設定しました。持ち帰り用の野菜や漬物は販売していましたが、定食以外にデザートや飲み物のメニューはありません。それでも毎月八日から十日間の営業で、月の売上は八十万円から百万円になりました。

この店を、最大でも六人という少人数で回していたんです。ばあちゃんたちは、九時から来て仕込みを始める早番チームが三人、十二時に来て仕事をバトンタッチする遅番チームが三人。早番は十三時に帰って、遅番が後片づけをして十五時くらいに帰る。そこに若手スタッフが一人か二人ずつサポートにつく体制です。僕は使い物にならなかったけど、みんな素晴らしい活躍でした。


ばあちゃんたちの手料理は、もちろん大好評。お客さんの九割は観光客、もしくは、この店を目指して来てくださった方々です。福岡市や北九州市など、うきは市周辺の都市圏からはもちろん、東京や北海道とか、思いがけない遠方からもお客さんが来てくださった。年齢層でいうと五十代から六十代の女性の方々が中心かな。

「懐かしい」と言って泣くお客さんもいらっしゃった。ばあちゃんの味でご自分のお母さんを思い出すのかもしれませんし、「おばあちゃん」という存在そのものが好きな方たちが足を運んでくれた気がします。

ばあちゃん発案の万能調味料がスマッシュヒット！

順調なスタートをきった、ばあちゃんたちが働く食堂。でも、コロナ禍に突入して売上はゼロになりました。店は営業できなくなり、僕もスタッフもばあちゃんたちも、むちゃくちゃ苦しみました。ずっとこの食堂を回していって、次のステップをと考えていたところなのに。

でも、ばあちゃんビジネスは継続させなくてはならない。

そこで、僕らは以前から温めていた通信販売の計画を早めることにしました。

ある日、一人のばあちゃんがこれはどうだろう、とお手製の佃煮を持ってきてくれました。でも、佃煮ではあまり日持ちがしません。そこで乾燥させたらどうだろう、とひらめいた。管理栄養士にも入ってもらってレシピの研究がスタート。何度も試作を繰り返しながら、かつお節と魚の雑節で作る万能調味料が誕生しました。ふりかけのようにそのままご飯にかけて良し、焼きそばや炒め物に使って良し、鍋に入れても良し。ばあちゃんたちのアイデアから生まれた万能調味料です。

食堂を閉めた一年後、二〇二一年にMakuakeで、この万能調味料を発表して、クラウドファンディングを開始。コロナ禍での食堂の閉鎖、ばあちゃんたちの奮闘というストーリーにも共感いただき、四百万円以上の応援金が集まりました。

食いつないでいくために、銀行からも三百万円の運営資金を借りました。いつも僕らの奮闘を見ていてくださった担当の方だったから、「これから大熊さんたち、どんどんやって大きくなっていくから」と融資を承諾してくれたんです。事業として数値のパワーは持ってないけれど、社会に対するインパクトパワーは認めてくださっていたんですよね。ありがたい話です。

トラブル続きで会社存続の危機に

ところが、集まってくれるのはそういういい人ばかりじゃありません。ばあちゃんビジネスがメディアをジャックし始めた頃から、うきはの宝は儲け目的ではなくて、社会貢献度が高い会社だというイメージが広まりつつありました。だから、いろんな企業から甘い誘いの声がかかる。「ホールディングスみたいな共同体の会社で一緒にやらないか」とか「フランチャイズの権利を売ってくれないか」とか。

もちろん僕はすべて突っぱねました。だいたいまだ何も成し遂げてないし、ちょっと話題になったからって簡単に店を拡大できるようなところまで仕上がっていなかったから。

すべて失った僕らはまた、新しい商品開発にチャレンジしました。味噌や煎餅、いちじくのパウンドケーキ……いろいろと試しましたが、商品化までいかなかったケースがほとんどです。食品系で次のヒット商品が生まれたのは、第一章で紹介した『蜜な干し芋』。二〇二三年のことです。

なかなかヒット商品を出せなかったのは、量産に失敗したり、材料の問題が出たため。すべて僕が早い段階で気づくべきだった小さな見落としが、失敗の原因です。仕入れのこととか、確保できる量だとか、もっと生産者の方と密に話をするべきでした。創業当初は地元うきは市ならではの食材だけを使うべきだと固執していたけど、こだわりが強すぎると限界が来るのも早い。今は食材を選ぶエリアを九州全域に広げて、うきは市を含む九州各地の仲間と持続して量産できるオリジナル食品を増やしていこうと計画しています。

赤字続きだった『ばあちゃん新聞』

今でこそ、うきはの宝の屋台骨に成長した『ばあちゃん新聞』ですが、創刊当初はちっとも売上が伸びませんでした。千部発行しても実売は三百部もいかないくらい。予算も苦しく、とはいえ年間購読で売っているからやめるわけにもいかない。

読者の声から改善点を拾い上げて、なるべくすぐに反映していこうとしました。

紙面にでかでかと「ＬＩＮＥで何でも言ってください！」と書いて、読者に訴えました。でも、ＬＩＮＥが使えない人が多いようで、電話で言ってくるんです。そうして月に百件以上はかかってきた電話に、僕一人で対応しました。大変だけど、そうやって直接聞いた意見もまた、僕らの「宝」になるんです。

創刊から一年後の今、『ばあちゃん新聞』の発行部数は五千部。創刊当初の約五倍に増えました。新聞業界でこの伸び率は異例だと新聞各社も驚いていました。「奇抜な人たちが現れた」って。「一緒に組みたい」と、大手新聞社をはじめ六社くらいの新聞社が相談にやってくるほどです。お金と人員のリソースに困っているからでしょう。

でも、僕は『ばあちゃん新聞』を売却するつもりなんてさらさらなくて、協力するという方向で調整しています。

『ばあちゃん新聞』の年間の広告収入も増えました。

最初は新聞の売上だけで五百万円はいくだろうと見込んでいて、スポンサーを入れずに購読料だけで回すつもりでした。ところが、全然伸びない。百万円しか売れずに散々でした。想定していた経費や労力より入ってくるお金が少なかった。

二号目くらいからヤバい、もたないぞ、と。危機感どおり四号目くらいから赤字に転落。毎号十七万円の赤字が出ました。これって小規模なうきはの宝にとっては大金。一人分の人件費です。このままいくと、年間で約二百万円の赤字が出る——。とても補填できない、とさすがの僕も腹を決めました。

一気に方向を変えて、六号目から公にスポンサーを募ることにしたんです。

新聞を使ってのタイアップ企画が八十万円、協賛金は年間三万円から。企業のロゴ掲載は、新聞だけなら三万円、ＷＥＢサイトも入れたら八万円で掲載するシステムです。

スポンサーはゆるやかに集まり始め、今は毎月二十から三十社はお話をいただきます。問い合わせだけなら、延べ百社は下らないでしょう。すでに契約を交わした企業も数十社、大手新聞社からのタイアップ依頼も五社くらい進行中です。

広告収入の目標額は一千万円越え。そのくらいを想定しないとだめだと思っています。一年で二百万円の赤字を出したと言いましたが、これを解消するには五百から六百万円の売上が必要です。企業とのやり取りには経費がかかるし、編集部にももっと人材を入れなければなりません。

ＳＮＳを通して、うきはの宝をサポートしたいと申し出てくださる企業が増えています。お金のケースもあれば人員のケースもあるし、ノウハウのケースもある。お気持ちは大変ありがたいのです、本当に。

ただ、応援してくれるなら『ばあちゃん新聞』を応援してください、とお伝えしています。『ばあちゃん新聞』なら、いくらでも企業のロゴやメッセージを掲載できますから、と。僕は大手企業相手にもグイグイいきます。

アナログで集めた高齢者の本音

おそらく、多くの企業がうきはの宝に興味を持ってくださる理由は、『ばあちゃん新聞』と読者との親しみを感じる距離感でしょう。『ばあちゃん新聞』は発行して終わり、じゃなくて、新聞と顧客が双方向でずっとつながり続けています。

編集部には今も毎日、全国のじいちゃんやばあちゃんから電話がかかってきます。対応するのは僕一人。時間は一人二十分と決めていて、その間にその人がどんなことを感じているか、情報を吸い上げます。

いろいろな発見がありますよ。『ばあちゃん新聞』をどこで買ったとか、情報通のインフルエンサーみたいな人の話とか。

こうして、『ばあちゃん新聞』を通して、僕らのことを好感を持って応援してくれている上顧客が判明します。マーケティングで新商品や試供品を送ったら、具体的で明確な答えを返してくれます。

高齢者にうきはの宝の何が刺さっているのか。じいちゃんやばあちゃんが何を求めているのか。僕らが強いのは、僕ら自身で本人の言葉を取りにいっているからです。ビジネスパーソンや経営者からは「直接聞いた話なんて」とバカにされるけれど、企業はユーザーの本音を探るために何億円と予算をかけても、消費者の購買行動の動機となるインサイトは取れていません。だから企画を立てても机上の空論になってしまう。

お客さんの声はスタートアップ企業にしてみれば「宝」のようなもの。ビジネスを動かす上で大切なデータです。

そして、僕らが非合理的でアナログな方法で集めた情報の中には、本音やお困り事という「宝」が隠れている。これはどんな大企業でも簡単には掘り起こせない財産です。

双方向の媒体を通して、ファンの方々との信頼をしっかりとつないでいく。これは次のステージに向けて大事なことです。

次のステップに行くためにも、今、屋台骨である『ばあちゃん新聞』の足場をがっちりと固めたい。そのための予算と人員の体制を整えています。

僕らのような、ばあちゃんたちの知財を伝承したいという思いは、ビジネスにしないと成し遂げられません。残したい料理はばあちゃんにも僕らにもたくさんあるけれど、賞味期限が短くて売る場所がなかったり、通販用に冷凍する技術までたどり着けなかったり、かならずしもすべての希望は叶えられていないのが現状です。でも、残す技術やタイミングがあれば残していきたい。

ばあちゃんたちの願いや希望を叶える方向性を探りつつ、プラスして、ビジネスとのマッチングを探っていけば、チャンスは十分にある。そう思っています。

ばあちゃんたちが持ってるものの中に、お金になる種は無限にあるんですから。その種と世の中が求めているものの接点を探るのには時間がかかるけれど、最短距離で売上を伸ばしていくより、長いスパンでたくさんの人に愛されて、受け継いでもらえる商品を残していきたいんです。

第 三 章

ばあちゃんビジネス
成功のポイント

高齢者はビジネスの同志

僕にとって高齢者はビジネスの同志。

「ばあちゃんたちに優しいですよね」とよく言われるけど、全然違う。一緒に闘っている仲間です。

だから、うきはの宝では粗利の話とかまで全部しますよ。ばあちゃんたちにビジネスや経営を教えている感じに近いかもしれませんね。

しょっちゅう激しい議論になるけれど、僕にもばあちゃんたちにも言い分があるから、どちらもそう簡単には譲らない。立場は対等だから。

僕が雇い主とか社長とかじゃなくて、対等の立場。「大熊くん」とか「大熊さん」と呼んでもらえる間柄です。ここに、ばあちゃんたちが僕をリスペクトしてくれている理由があるのかもしれません。

時には意見がまったく合わず僕をボロかすに言って辞めた人もいたけれど、ひとつのことを最後までやり遂げなさい、というのが昔の方の考え方。意見は違っても、それはそれでばあちゃんたちの生き方なんだと実感します。

うきはの宝を始めた頃、福祉業界で働きたいという若い方から「高齢者をお世話したい」「おばあちゃんっ子だったから高齢者と一緒に働きたい」という声をたくさんいただきました。

でも、僕は福祉の文脈で会社を立ち上げたのではなく、れっきとしたビジネスとしてうきはの宝を立ち上げました。

高齢者への思いやりはもちろん必要ですが、うきはの宝は高齢者をお世話する施設ではないし、ばあちゃんたちの健康を見守ることが仕事でもありません。

ビジネスの同志として、時にシビアな目を持ってばあちゃんたちと対等な立場で仕事ができるかどうか。ここを理解していただける人でなければ、一緒に働いていても「思っていた会社と違う」と違和感を覚えるようになると思うんです。

僕は基本的にばあちゃんたちの知恵を活かしたいし、思いを叶えてあげたい。でも、ばあちゃんたちの意見を鵜呑みにしたままでは、ビジネスとして成り立ちません。

「本当にばあちゃんたちが言うとおりなんかな？」と疑うことを忘れないし、検証も重ねる。だからビジネスとして成功しているんだと思います。

たとえばうきはの宝では、ばあちゃんたちが作った料理や総菜の味を、ニーズに合わせて変える時があります。

多くの家庭料理がそうであるように、ばあちゃんたちのレシピは感覚で成立しているものが多いんです。味も基本的に優しい。

出来立てを食べると抜群においしいんだけど、感覚で調理しているとその味は作った本人にしか再現できないし、量が増えると味が変わってしまう。通信販売のように時間が経ってから食べる場合は、味がぼやけてしまうこともあります。だから、そういう時は僕らの感想や意見を正直にばあちゃんたちに説明して、僕らが主導してレシピをアレンジし、味付けを変えることを了承してもらいます。

なぜなら僕らは一緒にビジネスをしていて、商品の先にはお客さんがいるから。

クライアントに提出するレシピの表記が曖昧《あいまい》だと、「分かるように書き直してね」と突き返すし、会社の代表としてはけっこう厳しいことを言っています。

経営者としては厳しいことも言う

高齢者には優しく、という世間的な風潮がありますが、僕に言わせると逆ですね。高齢者に忖度《そんたく》して一見優しくしているように思えるサービスや政策が、世の中を悪くしていっている気がしてなりません。

「年寄りだから、働くのは大変だろう」とか、単純な思い込みから高齢者をすぐ保護しようとする。この国はもうそんな余力もないのに。

本当の優しさは、厳しさ。僕はそう思います。

僕はじいちゃんやばあちゃんが好きだし、人生の先輩としてリスペクトしている。その気持ちに変わりはありません。

ただ、ビジネスというフィールドで一緒にチームを組んでプレーする以上は、厳しいと思われようと僕はリーダーとしての姿勢を示さないといけない。このデザインは古いよとか、このままじゃあ売れないよ、とか意見もするし、厳しい売上の話や消費者の声も共有して、理解してもらう。そうするうちに、ばあちゃんたちの意識も変わっていくんです。

つい先日もガリの甘酢漬けを作っていて、僕が「最低でも四十キロは仕上げないと売上が出ないかもしれないから、機械を入れようか」と言うと、ばあちゃんたちは「手でやるからいい」と猛反発。経費が高くなっているのを知っているから、手でできる工程は手でやろうと、気を使ってくれているんです。単に遠慮してるんじゃなくて、「その代わり、手作業ができない工程には機械を入れよう」と、提案も返ってくるところが頼もしい。

最初は、売上の話までするのは厳しすぎるかな、悪いかもな、と不安に感じていましたが、包み隠さず話をすることで、ちゃんと経営のことも理解してくれるようになった。信頼関係ってこうして少しずつ育っていくんでしょうね。

自信をつけてあげるのも役目

厳しさこそ本当の優しさだと言いました。それは僕がじいちゃんやばあちゃんの可能性を信じているからです。

年寄りだからとなめてはいけません。うきはの宝で働くばあちゃんたちは、みんなパワフル！　明るくて、世話を焼くのが好きで、がんばり屋さん。シャイなところもあるけれど、自分の言いたいことはピシャッと言う。わがままだなぁと、こっちが苦笑いする場面もあるほどです。

そんなばあちゃんたちだけど、意外と自信はありません。自分たちが作る料理に値段をつけようとすると、必ず僕とぶつかります。「そんなの高すぎる！」って。経費や人件費がかかることを説明しても、「いいや、そんなのダメ。百円で売りなさいよ」「高すぎると誰も買ってくれんよ」の一点張り。

おまけに商品がヒットしたり評価されたりしても、すぐ忘れちゃう。だから、「大丈夫、絶対に売れる！」「みんな喜んでくれとるよ」って、何度もそう言って自信をつけてあげるのも僕らの役目かな、と思っています。

責任感も強いんです。

干し芋作りの時に、蒸し器のスイッチを入れ忘れて、芋を腐らせてしまったことがありました。その失敗にショックを受けて「会社に多大な迷惑をかけたから、責任を取って辞めます」という人まで出てきた。もう切腹する勢いでした。

でも、ミスなんて誰にでもあるじゃないですか。すべての責任は、経営者である僕にある。五日間くらいかけて説得して、ようやくまた一緒に働いてもらえることになりました。

終わってみると、何でも勉強になります、本当に。

上辺だけの言葉では動いてはくれない

人生経験が豊富なじいちゃんやばあちゃんは、上辺だけきれいごとを並べても簡単に流されません。優柔不断なリーダーも、すぐ見限られます。

うきはの宝の創業を準備していた頃、こんなことがありました。

食堂の営業に向けて、七十五歳以上のばあちゃんが三人、六十歳以上のばあちゃんジュニアが一人、若手のバイトかスタッフを一人という、五人一組のチームを二組作っていました。

ところがこのやり方は早々に崩壊します。マネジメント側にいる若手のスタッフが、ばあちゃんたちをまとめきれなかった。人生経験豊富なばあちゃんたちは、リーダーの指示が甘いと時に暴走するんですね。ばあちゃん側に抱き込まれてしまった若手スタッフもいました。

僕らの理想は、異なる世代が結束して働く職場でした。ただ、それぞれの世代間に互いをリスペクトする気持ちがないと、双方に反発が起きてしまいます。

だから、うきはの宝ではチーム編成を見直しました。今は僕とばあちゃんという構成。チームリーダーを若手ではなくばあちゃんに任せたところ、仕事がうまく進むようになりました。

今は食品製造がばあちゃんたちの主な業務だから、二チームを二シフトで回しています。シフトも固定せず、欠員が出たら出られる人に来てもらって、無理なく働ける環境づくりをめざしています。


他の企業もそうかもしれませんが、高齢者ビジネスでも、誰がどんな思いや目的を持って、何に向かって仕事をしているのか、働いているすべての人にきちんと理解してもらう必要があります。雇用主が雇う人をただの働く駒だとしか思っていなかったら、どんなにおべんちゃらを使っても、すぐに見抜かれてしまいます。まずは雇用する側が正直に本音で話をする。ここがスタートです。

面接はばあちゃんに任せる

チームのリーダーは、会社全体を把握する代表が選んだ方がいい。ここの客観性は大切です。

うきはの宝もばあちゃんたちのリーダーは、僕が適性を見て決めています。

僕が基準にしているのは、会社のビジョンや目標を理解してくれる人。視野が広くて、高い志も持っていて、世の中のためにもこういう会社があった方がいいよね、と共感してくれる人にお願いしました。

会社のビジョンとか小難しい話をしても、「へえ、よく分からんけど、楽しくできたら私はそれでいいわ」で終わる人は多い。

でも、リーダーに適している人は、「面白いね、それじゃあもっとがんばらんと！」と活を入れてくれる。そういうリーダー気質を持ったばあちゃんは、ばあちゃんたちと僕らとの間を巧みに取り持ってくれます。

ただ、一緒に働く人の面接は、ばあちゃんたちに任せています。

僕が面接して新しい人をどんどん入れていた時もありましたが、それが意外とうまくいかなかったんです。

ある時、僕が採用した中に自分が一番になることにこだわるばあちゃんがいて、何でも一番になれないと、泣いて暴れて大変だったんです。お姫様体質っていうのでしょうか。うちの会社にテレビの取材が入った時も、アナウンサーの方が他のばあちゃんに話を聞こうとするとものすごく機嫌が悪くなる。そのうち、他のばあちゃんたちも怖がってチームワークがバラバラに。本当に会社崩壊の寸前までいきました。

結局その人は辞めてしまいましたが、その後、ばあちゃんたちからは「大熊さんは見る目がなか。一緒に働くのは私たちだから、新しく入れる人も自分たちで面接したい」と言われました。

確かに一理あるんですよね。誰と一緒に働くかは、誰にとっても重要なキーワード。実際に、ばあちゃんたちに面接を任せてからは大きなトラブルが激減したんです。

そもそも、女性同士のコミュニティは男性に比べてずっとデリケートな気がします。ばあちゃんたちも女性です。気の合う同士で仲良く集まりたい、そんな女性の感覚があります。

僕にはリーダーは選べても、女性同士の相性の良さまでは分からない。まだまだ修業が必要です。

勤務は週に一、二回。一日三、四時間

今、日本の雇用制度の中で、「働き方」は二十代も八十代も同じ概念で語られているんですよね。週に二十時間以上働く人じゃないと雇用保険に入れないし、雇用保険に入れないと厚生労働省に雇用していると認められません。

雇用していると認められた人は雇用保険に加入が認められ、これに紐づいてコロナの時のような助成金が受けられたり、退職時やケガした時の保障を受けられたりします。

バリバリ働ける人に合わせた基準だから、企業もその基準に合う人を雇いますよね。逆に、基準からはみ出る人はできるだけ雇いたくないのは当たり前です。

ただ、高齢者や障がい者にとっては、この週に二十時間という基準がネックになってきます。働けたとしても、体力的に週に二十時間以上働くのは難しいから、雇用という形態になりません。

だから僕は、新しく高齢者用の雇用の枠組みを作る必要があると思うんです。二十代と八十代の働き方が同じ雇用制度で語られるのっておかしくないですかって、厚生労働省に何度も問題提起しています。そして国も今、この雇用制度の問題に気づいていて、改正に向けて動き始めているのではないでしょうか。

働く意欲はある。能力もある。でも、長くは働けない——。そんな高齢者を雇用するには、働き方と勤務体制に気を配る必要があります。

一般的な勤務体制は、週に五日、一日八時間労働ですよね。七十五歳のばあちゃんが働くうきはの宝は、ここを変えました。

まず、ばあちゃんたちの勤務は週に一、二回。一日三時間から四時間勤務という設定が基本。つまり、アルバイト契約や委託契約、短時間労働です。

かつて週に三、四回で一日五時間という設定にしたこともありました。ところが、この設定だとみんな何となくしんどそう、楽しくなさそうなんです。わずか一、二時間長く働いてもらっただけで、明らかに口数が減って、しゃべる気力すらなくなっているのが伝わってきました。

ばあちゃんたちが疲れてくると、職場の雰囲気が沈むだけじゃなく、ミスが増えます。すると、これを補填するために別の日にも出勤してもらわなくちゃならなくなる。こうして負のサイクルに入ってしまうと、だんだん「疲れたから今日は行けない」って休みの電話がかかってくる。

ばあちゃんたちの「生きがい」と「収入」のために会社を興したのに、これでは本末転倒です。

高齢者は健康上のリスクが高いし、そもそもどの世代にとってもいやいやながら働く環境は精神的に良くありません。

いろんな時間設定を試してみて、うきはの宝が見極めたみんなが適度に働ける勤務時間が週に一、二回のペースで、一日三、四時間。今のところ、これがベストです。

もちろん、『蜜な干し芋』が大ヒットした時など、忙しすぎる場合は、入れ替わりで週に六、七日とか出てもらった時もあります。ただし、そんなのはイレギュラー。うちの場合は忙しい時だけばあちゃんの人数を増やすことはまず無理なので、サポートできる若手を増やすとか、もっと多世代で協働できる体制作りが課題です。

シフトは余裕を持って組む

高齢者の雇用で心配なことといえば、健康の問題です。

雇用の際は、急な体調不良など欠員が出た時の対策を事前に考えておく必要があります。その加減がなかなか難しいんですよね。

たとえば、これまでのうきはの宝は基本的に自由出勤。大まかなシフトは組むけれど、その日に来るか来ないかはばあちゃんの自由にしていました。というのも、高齢になると急に体調が悪くなることが増えるから。

昔の人は約束を守ろうとするし、ものすごく辛抱強い。けれど、その辛抱強さがアダとなる可能性もある。無理して出勤して万が一、職場で倒れたりしたら大変です。

僕はそこが一番心配だったから、自由出勤、ドタキャンもオールオッケーにしていました。

ただ、最近はこのやり方も見直しが必要かもしれないと感じ始めました。あまりにも出勤形態が自由だから、特に理由はないけど仕事に来ない日があったり、連絡もなしに気ままに休んだりする人が増え始めてしまった。「連絡ぐらいしてよ、心配するからさ」。そう言っても、暖簾《のれん》に腕押し。こうなると、職場全体の空気もなあなあになるんですね。

予算や人員やスケジュールに余裕がある時は、それでもいいかもしれない。ただ、うちみたいにそうではない会社は、急に休んだ人の仕事を誰かがカバーしなくてはならない。これが積もり積もると誰かに不満が溜まります。

だから、具合が悪かったら休んでもいいけど大丈夫ならシフトどおりに来てね、休む時には連絡してね、と。雇用主も雇用されるスタッフも、互いに気持ち良く働けるための最低限のルールは設けておいた方がいい。

また、余裕を持ったシフト計画も大事です。

うきはの宝では三人で四時間かかる仕事には四人体制でシフトを組み、三時間で済ませられるよう計画し直しました。そうすると、もし急に一人が休んだ時も、出勤した三人に一時間だけ長く仕事をしてもらえたら、四時間でその日の仕事をやり遂げることができます。

このように、あらかじめ余裕を持って組んでおくわけです。これならかかる経費は同じだし、誰か一人に過度なストレスがかかるリスクも減らせます。

その土地に合った高齢者ビジネスを考える

田舎には田舎の、都会には都会の、高齢者ビジネスがあります。うきはの宝のビジネスは、うきは市という田舎で暮らすばあちゃんたちが、伝統ある食の知恵を提案したり、商品作りに取り組んだりしているから「懐かしい」と共感を呼ぶ。これを都会でやろうとしたら、コストもかかる上に特色も出しにくいでしょう。

高齢者ビジネスにモデルはあっても、決まった形はありません。どこで、誰が、どんな理由や目的があってそのビジネスを立ち上げたのか——。ここのストーリーが曖昧だと、消費者は興味をそそられません。

その土地に住むじいちゃんやばあちゃんたちの特性を調べて、働きたいという方々と対話を重ね、その方々が持っている「知財」を活かすビジネスを考えてみませんか。

たとえば、今僕は福岡県の福岡市と久留米市と春日市の三都市で、じいちゃんやばあちゃんが店長を務める『ばあちゃん喫茶』の開業を準備しています。

コンセプトはずばり、「人生を語る喫茶店」。ここで店長を務める高齢者は、ひとつの専門分野についてある程度の知識があり、その人なりの人生観を持っている方。つまり、高齢者のキャリアそのものが「知財」です。

営業するのは週に一、二回。

「今度の土曜日の店長は日本の歴史に詳しい○○さん」

「次の日曜日は元保育士さんで料理が得意な△△さん」

……というように、SNSで店長のプロフィールとスケジュールを発信します。

そうすることで、店長目当てのお客さんに遊びに来てもらうわけです。

日本の歴史に詳しい店長に戦国時代の武将の話をしてもらってもいいし、保育士さんだった店長にお客さんが子育てについての相談を持ちかけてもいい。店長は自分の知識や経験をお客さんのために役立てられるし、若い世代の声や悩みにふれることで新しい刺激も得られます。

店舗そのものも、改装した古民家だったり、廃園になった保育園だったり。地域の方々と相談をしながらその土地らしい空間を有効活用します。それぞれ楽しい演出ができそうですよね。

こういうプロジェクトは、うきは市のような人口が少ない地域ではなかなか実現できません。福岡市や久留米市、春日市のようにまとまった住宅街があり、そこに多様な職業経歴を持つ高齢者や少し下の世代が暮らす都市だからできるんです。『ばあちゃん喫茶』で、高齢者が活躍できる場と、地域の人が気軽に出入りできる場、そして、世代を超えて誰もが語りたいことを語り合える場——。それぞれがうまくリンクする仕組みを作ろうと考えています。

働き方の希望は人それぞれ

じいちゃんやばあちゃんと話をして気づいたこと。そのひとつが、希望する働き方の違いです。

『蜜な干し芋』を作り始めた頃、働き方についてばあちゃんたちとたくさん議論しました。のんびり、ゆっくり働けたらそれでいい、と思っていたら、急に干し芋作りがハードになったからです。

ガシガシ働いて人の役に立ちたいという人もいたし、お給料目当てに働いている人もいた。ゆるく働いて収入があればそれでラッキーと考えている人もいた。

僕らの目的は高齢者が働く場、活躍できる場の創出だったけれど、希望する働き方ってこんなに違うものなのかって、勉強になりました。

だから、『ばあちゃん喫茶』では、もっとゆるやかな働き方の組み立てを考えました。

まず、契約は雇用ではなく委託契約。報酬は時給ではなく成果報酬。じいちゃん、ばあちゃんたち本人が喫茶店を運営して、経営面を僕がサポートします。経費はうきはの宝が持ち、売上の二十から二十五パーセントを分配します。つまり、お客さんが多ければ収入も増えるという仕組みです。

喫茶店だから、料理やドリンクも必要です。店長になるじいちゃんやばあちゃんは飲食のプロじゃないけど、それぞれが主体的にメニューを考え、得意料理や、お客さんに最大限喜んでもらえることを考えてくれています。料理が得意ではない人には、うきはの宝が作った素材から簡単な調理をして提供する場合もあります。


お客さんがいない空き時間も店長が手持ち無沙汰にならず、収入が下がらないように、うきはの宝のちょっとした業務を手伝ってもらうとか、何らかの仕事を用意しておくことも大事ですね。

「誰かから頼られている」

「誰かの力になれている」

そういう実感を得ながら長く続けてもらえる働き方を考えています。

若い人材が減っている今、この社会でじいちゃんやばあちゃんは頼もしい人材です。

一人が八時間働くのが当たり前だった従来のシフトを見直して、高齢者数人で仕事を分担して、肉体的にも無理がないよう一人につき三、四時間ずつ働いてもらえたら、人材不足の解消にも少しは役立てるのではないでしょうか。そして、若者には若者にしかできない仕事を任せることで、成長の後押しもできるのではないかと考えています。

働いてお金を稼ぎたいという高齢者もいる。お金よりも人と接して誰かの役に立ちたいという高齢者もいる。働き方は人それぞれでいい。これからの高齢者ビジネスはそのどちらにも対応できるように、柔軟に対応できる器作り、仕組み作りをしていくことがポイントです。

「適度なストレス」は健康にいい

今の世の中でストレスは人間にとって「悪」だと思われています。

新しいチャレンジ、特にその始まりは誰にとっても多かれ少なかれストレスになると思うけれど、「適度なストレス」はむしろ健康にとって良いものだっていうのが、僕の考え方です。ノンストレスはからだに良くない！

だから、新しいことを始める時はこう言うんです。

「ムチャはいかんけど、ちょっとのムリはやろうぜ！」

ばあちゃんたちはみんな「ムリムリ～」って言いながら、結局いつもノッてくれます。

もちろん、「過度なストレス」は身体的にも精神的にも「悪」です。

ただ、孤独の中でもがいてきた時期が長かった僕は、人と会うこと、働いて目標を達成することが、人生にとってどれほど大切か身をもって学んできました。

人間にとって誰とも関わらず誰からも関心を持たれない状態こそが、生きていく上ではストレスよりもずっと「悪」だ！　そう声を大にして言いたいくらいです。

高齢者もきっと同じではないでしょうか。

本来、年齢を重ねると人にかかるストレスは減るそうです。確かに、仕事をリタイアした後に社会との関わりが減ると、仕事のプレッシャーや人間関係のストレスはぐんと少なくなりますからね。

ただ、「せいせいした！」と喜んだのもつかの間、少し時間が経つと仕事をしていた頃を「あの頃は良かった」と懐かしむ人も多いと聞きます。

適度なストレスは脳を鍛え、老化を遅らせるという医学的な研究報告があります。実際に、僕が親しくさせていただいている認知症専門医の先生からも、人と会って話をするとか、誰かと一緒に目標を達成しようとするなどの社会的な活動が健康長寿の秘訣であり、認知症の備えとしても有効だという話をお聞きしました。

目標は少し高めに設定

うきはの宝のばあちゃんたちが輝いている理由も、この適度なストレスにあると思います。

たとえば、お金の話。多くの会社がブラックボックスにしがちなお金の話を、僕はばあちゃんたちに全部オープンに話しています。

売上目標も全員で共有しています。ばあちゃんたちにノルマは課さないし、失敗の責任も問いません。ただ、「チームとしてこの数字を目標にやっていこうね」という明確な数字だけは、毎日の業務の前に伝えています。

しかもその目標の数字は、本当の目標を一〇〇とすると一二〇、一三〇とあえて少し高いところに設定しています。

もともと僕が高い目標を掲げてしまうタイプっていうのもあるんですが、少し高めの目標は会社や社員が成長するためにも大事なこと。その意図も含めて包み隠さず正直に伝えることが大事です。

先日も、「うちは生の食材を扱ってるから、二日間で四〇〇キロ分の仕事が終わらなかったら全部捨てるはめになるよ」と伝えました。ばあちゃんたちにしてみれば、プレッシャーですよね。

でもこれ、僕の読みからしたら、うちのばあちゃんたちなら絶対に達成できる量なんです。ばあちゃんたちの実力を見越した上で、常に少し高めの目標を掲げて仕事を組み立てていく。ここの匙加減が大事です。

こうした適度なストレスは、ばあちゃんたちが一〇〇しか出せないと思っていた能力を一二〇、一三〇まで伸ばしてくれます。ばあちゃんたちはストレスだと言ってるけれど、適度ならストレスは「悪」じゃない。

そして、忘れてはいけないのが声のかけ合いです。

「大丈夫、できるよ！」
「一緒にやろう！」
「みんなで達成しよう！」

そう声をかけ合いながらみんなで一緒に目標に向かって働くと、達成した時の爽快感が違います。

「できた！」「やればできる！」っていう大きな手応えは、ばあちゃんたちにとって自分らしく輝ける自信につながっていきます。自己実現ってやつですね。

思えば僕も、このビジネスを始めるずっと前、ＷＥＢデザインの勉強をしながらラーメン屋でアルバイトをしていた頃が一番幸せだったかもしれません。

「大熊くんに会いに来たよ」

そんなお客さんでこの店を埋め尽くすぞと思って、目標に向かって働いていましたから。

その頃の僕には声をかけ合ってくれる仲間はいなかったし、時間も限られていたけれど、勉強したいという意欲が高まってやる気に満ちていました。

目標に向かって進んでいる時って、人は生きがいを感じます。だから、目標は少し高く設定する。もちろん過度なストレスにならない範囲で。

地方都市で小規模で始めるために

このビジネスは年商一億円以上に伸びる見込みがある。

僕はそう確信して動いていますし、一億円という数字はひとつの目標、単なる通過点でしかありません。とにかく、地方で起業している他のビジネスよりもずっと夢がある話だということだけは確信しています。

ただ、そのためには僕らの取り組みに共感してくれる、若いビジネスパーソンの力が不可欠です。企業の人と対等に話ができ、お金の計算にも強く、マーケティングの力がある——。そんなビジネスの話ができる若い人材です。

どの企業でも若手の人材不足に悩んでいますが、うきは市と同じような地方都市ではなおさらここがネックになります。

そこで、これからばあちゃんビジネスをやりたいという方に、ひとつご提案したい数字があります。

年商、千八百万円。

少ないですか？　まあお聞きください。

少子高齢化の今、地方には若い働き手が少ないですよね。だからまず、若いスタッフ一人に対して、高齢者が四、五人という少人数のチーム体制でビジネスを構築するのです。

社長もマネジメントスタッフも二十代や三十代など若い世代であれば理想的。この少人数体制で千八百万円の年商なら、交互に休みを取りながら余裕のあるシフトを組むことができ、さらに、高齢者にお給料を払いながら、社長やマネジメントスタッフも役員報酬が見込めます。

小規模経営の会社として年商千八百万円は決して少なくない額だと思いますが、いかがでしょうか。

地方で起業するビジネスは厳しい状況が続いているそうです。

たとえばコンビニエンスストアの経営。年商一億円などと聞こえはいいのですが、事実上赤字だという声もよく耳にします。

ビジネス的には、売上高ではなく利益がどのくらい残るかがとても大事です。売上が上がるポイントをひたすら追いかけ続けると、経営的に疲弊してしまいます。

その点、ばあちゃんビジネスは目的が違います。売上高を追いかけるビジネスではなく、高齢者が輝きながら働ける場を新しく生み出し、持続させていくことが目的だからです。

地方都市でもできる。
小さな規模でも構わない。

いきなり大きな売上を狙うのではなく、まず年商千八百万円くらいを目標に設定して、代表者と若いスタッフの二人で会社を興す。そこに地元のばあちゃんや、五十代や六十代のばあちゃんジュニアを巻き込んで、地に足のついたビジネスを計画して動かしていく。
僕自身の経験を踏まえた上でも、これは地方都市でも実現しやすく、先の見通しがつきやすい規模です。

ビジネスコンテンツはヒアリングから

では、地に足の着いたビジネスを始めるためには、どんなビジネスコンテンツが必要なのでしょうか。

それを知るために、まずはヒアリングからスタートです。

「どんな仕事だったらやりたい？」
「得意なことは何？」
「他の人に教えたいもの、伝えたいことってある？」

ばあちゃんたちと対話を重ねて、みんなが得意なことを深掘りしていきます。わざわざ苦手なことをやってもらっても、うまくはいきません。ばあちゃんたちの特技や特性が活かせるものをコンテンツとして考えましょう。料理なら料理、手芸なら手芸と、得意なことの中から根気強く探っていくことが大事です。

うきはの宝が食品に軸足を置いたのも、ばあちゃんたちの意向です。「編み物がしたい」という声もありましたが、うちの場合は他の人や次の世代の人が同じレベルの技術を受け継げるかどうか、という不安があったので見送りました。

ばあちゃんたちにとことん寄り添ううちに、自然といいアイデアが出ると思います。

ただし、マーケティングや値決めは自分たちでする。うきはの宝でいうと、僕がその役割を担っています。

マーケティングから、どんな商品なら売れるのか、消費者の関心を惹くことができるのか、きちんと見極める感覚が大事です。お客さんが求めているものを作らないと、ビジネスではなく、単なるばあちゃんたちの趣味の活動で終わってしまいます。

世の中の声を集めると、いろいろな発見があります。

『ばあちゃん新聞』を立ち上げた頃、売上を上げたかったので、とにかく買ってくれた人に話を聞いて回りました。

なぜその新聞を手にしたのか、どんな記事が心に刺さったのか、どこで買ったのか、誰に薦められたのか……マーケティングはそんなちょっとした声の統計です。

スーパーで買ったという人には、どの町のスーパーなのか、知人に薦められたという人には、その人はどういうタイプの人なのか、家族が買ってきたという人には、ご家族はどういう理由でこの新聞を手にしたのか……こうしてどんどん深掘りしていくと、ＳＮＳでいうところのインフルエンサーまで把握できます。

そういう人たちは、われわれのことを好意的に応援してくれる上顧客になります。新商品や試供品を送って、まわりの人に配って感想を聞いてもらうこともできます。そうすると、マーケティングの精度はぐんと上がります。知らない人たちの声をやみくもに集めるのではなく、ファンの方々の声をしっかりと囲っていくのです。

地道な活動の積み重ねですが、これは次のステージに向けて動き出すためにも大事なことです。

商品アイデアに行き詰まったら一般ユーザーの声を聞いてみるという手もあります。

今ならＬＩＮＥやインスタグラムなどＳＮＳでユーザーに直接問いかけてみるといいでしょう。

「芋を使ったスイーツを作ろうと思うんですが、どんなスイーツがあったら買いたいですか？」とか、「手編みのマフラーを発売したいのですが、どんな工夫があったら便利だと思いますか？」とか。

うきはの宝でも、お客さんの声から『ガリの甘酢漬け』という商品が生まれています。からだを温める効果があるというしょうがを使った甘酢漬け。ちらし寿司やカレーライスの付け合わせにもいいし、サラダに混ぜてもいい。こういう具合に、求められているものを作れば、売れるに決まっています。

ばあちゃんビジネスのような新しい取り組みを発信する時、ＳＮＳはとても有効な手段です。僕にとっては今でも大事なビジネスツールです。

ＳＮＳで新しい商品を発表すると、いろいろな反応が返ってきます。応援の声はそのままモチベーションにつながりますし、厳しい意見も僕らが見落としていた改善のヒントになります。

でも、メッセージの書き込み方を間違えると、非難は倍になって自分に返ってきます。

設立当時は僕もストレートな物言いをしていたから、作らなくていい敵をたくさん作ってしまいました。

口で話す感覚で書いても、文字になると伝わるニュアンスが変わってしまうことが多々あります。書いた本人はそんなつもりはなくても、読む人の感覚で批判的に受け取られてしまう場合もあります。それだけに、伝えたいことを正しく受け取ってもらえた時の喜びも大きいんですけどね。

自戒の念を込めてアドバイスするとしたら、発信の際には他社・他者を悪く言わないこと。政治や病院や医療や福祉が悪いとか、そういう批判も無自覚にしないこと。それを生業にしている人がいることを決して忘れてはいけないと思います。

商品は安く売りすぎない

商品の値決めも難しいところです。

前に紹介したエピソードで、「ばあちゃんたちは何でも百円で売りたがる」と書きました。まず、自分たちが手がけた商品に値段をつけること自体に抵抗があると思うんですね。

「そんなに高かったら誰も買ってくれんよ」

「手作りなんやけん、そんな価値なんてなかよ」

ばあちゃんたちにとっては、産地直売所で商品を売る感覚の方が理想的なのかもしれません。自分自身も消費者の一人なんだから、安い価格で喜んでもらいたい。

その気持ち、分からなくもないんです。

しかし、僕ら経営者には適正価格を示す責任があります。

ばあちゃんたちの言うように何でも百円で売っていたら、価格破壊が起きて、食品を作っている他の会社がダメージを受けてしまいます。

しかも、必要以上に商品の値段を下げると、安さだけが目当てのお客さんばかりが増えてしまう恐れもあります。それではブランドイメージとしても良くないし、経営が成り立たなくなるでしょう。

ばあちゃんの思いを叶える。

売上をしっかり出して会社を存続させる。

ばあちゃんビジネスにはその両輪が大事です。

僕の思いとしては半々ではなくて、六対四くらいの割合で「売上をしっかり出すぞ」という意志の方が強いです。

会社が存続しないと、ばあちゃんたちの思いも叶えられませんからね。

ボランティアの依頼は引き受けない

ボランティアはやらない。

これも、うきはの宝の信念のひとつ。ばあちゃんと関わって得た教訓でもあります。僕にしても、ばあちゃんたちにしても、何かを依頼されてお引き受けする以上は、必ず報酬をともなった契約をしていただいています。

収入が欲しい、誰かの役に立ちたい……と、働く目的はみんなそれぞれ違うけど、一年、二年とひとつの会社に所属していると、多少はいやな場面にもぶち当たります。誰かに叱られてムッとしたり、お客さんとのトラブルにシュンとしたり。思うようにならない日もあるものです。

これが仕事なら「そういうこともある」「またがんばろう」と、気持ちを切り替えられる。現場にもメリハリがつきます。

でも、これがボランティアになると「お金ももらってないのに、やってられない」「どうして私ばかりこんないやな気持ちにならないといけないの？」となってしまう。お金が目的で働いているわけではないと考えていても、です。

最初はいいんです。私も手伝いたい、無償でいいと言うけど、一カ月でしんどくなって抜けていく。「ボランティアって気分じゃない」と、約束を平気で破ってしまう。そういう人は世代を問わず少なくありません。

でも、僕はそういう人を一方的に責めることはできません。人間ってそんなにきれいにできてないんですよね。お金は労働に対する正当な対価だから、それがゼロって耐えられないのが当然です。

高齢者に限らず、ボランティアには限界があります。よほどの情熱と目標、そして覚悟がなければ続けられません。

だから、うきはの宝では無責任にボランティアの依頼を引き受けません。また、『ばあちゃん新聞』に無償で記事を提供してくれている記者の皆さんには、本当に無償で構わないのか、どのくらいの仕事なら無償で構わないのかを、念入りに確認します。無償では無理だと感じたら休んでもらって構わないし、それでも制作を回せていけるような仕組み作りも考えてきました。

ボランティアはありがたいマンパワーだけれど、ボランティアの好意に甘えて成り立っているビジネスは基盤が弱い。ただより高いものはないと言うけれど、いつ崩れてもおかしくありません。

今、無償で働いてくれている人にも、たとえば一年後には報酬を払えるように準備をするとか、報酬を払えないとしたら別の形で還元するとか、戦略を立てて実践する。それが会社を守る経営者の責任だと思います。

今、世の中ではボランティアを志望する人が減っているそうです。福祉の現場は特に人員不足に悩んでいます。おそらく誰もが自分の生活をどうするかで必死な時代だからでしょう。

「世の中のため」と言ってボランティアを始めても、時間的な拘束はあるし、有償ボランティアと提示されていたとしても報酬は雀の涙。世のために働きたいという気持ちはあっても、自分自身の暮らしがままならないのですから、ボランティア活動が行き詰まっても仕方がありません。

ボランティアを集める側もそんな世の中を変えたいという願いを持っていて、僕のもとにも社会福祉協議会とかコミュニティから講演の依頼が寄せられます。ビジネスとボランティア、ビジネスと地域、ビジネスと福祉、ビジネスと医療……僕らはその中間にいるので、そこから何かを学びたいと言われているんだと思います。

うきはの宝は、非合理的なことをやっている会社だけれど売上は上がっていて、利益も出ています。

さらに、高齢者が元気になる仕組みを考えるうちの取り組みには、社会保障費の高騰などを少しでも抑えたいという社会貢献の一面もあります。このバランスがなかなか珍しいらしいんです。

これまでのビジネスでは利益を上げることだけがメインストリームだったけれど、われわれの目的はそこではない。まだまだ規模は小さいし利益率は低いけれど、国の負担を削減しようとか、高齢者の孤立や貧困の問題を解決しようとか、地域社会に必要なビジネスだから、様々な業界の中間に立てている。そういう自負がありますし、中間に立てている僕らだから言えることもある。

本当に世の中のためだと思うなら、ボランティアに頼るだけではどうしたって限界があります。「世の中のため」というお題目以外の何か——本人のやる気だとかモチベーションを高められる人と人とのつながり方に、医療や福祉の現場が抱える問題を解決するヒントがあるのかもしれません。

旗を振る勇者になれ！

中卒という学歴は、つい最近まで僕の大きなコンプレックスでした。

立派な学歴を持つ優秀な人が会社や世の中を作り、ビジネスや事業を興し、動かすものなんだと思っていました。

自分は優秀じゃないから、そんなことできない——。十代の頃に先生から社会不適合者と言われたこともあって、何の役にも立たない人間だと思いながら生きてきました。

その思い込みを払拭してくれたのが、日本デザイナー学院のゲスト講師で、僕の憧れでもあった木藤亮太さん。宮崎県日南市の「猫すら歩かない」と言われた油津商店街を復活させて話題になった「商店街再生のアイドル」です。

僕らは授業の一環で木藤さんを講師に招き、自分たちのビジネスプランを書いて提出しました。僕のプランはもちろん、ばあちゃんビジネスです。今思えば、まだ中途半端な内容だったと思います。

しかし講義が終わりに近づいた時、木藤さんは最前列で話を聴いていた僕に向かってこう言いました。

「今の時代、必要なのは勇者だ！
優秀じゃなくていいんだ。

バカみたいにとにかくブンブンブンブン旗を振れ。
ばあちゃんたちに仕事を創るぞ！
そう言って大熊くんが旗を振ると
必ずそこには優秀なやつが集まってくる。
だから旗を振れ、バカでもいいから君が旗を振れ！」

目が覚めた思いがしました。

なんだ、そうか！　中卒でもいいんだ、バカでいいなら僕にもできるじゃねえか！　と。がぜん勇気が湧きました。

木藤さんには便箋にびっしりとお礼の言葉をしたためて「僕、絶対やります！」と宣誓しました。これが、会社を立ち上げる半年くらい前のことです。

何かを残すために生きていく

また、ソーシャルビジネスを展開するボーダレス・ジャパンの代表、田口一成さんの言葉も忘れられません。

「これからの人生、何かを得ることではなく、何かを残す方向で生きていくのはどうですか」

この言葉にもハッとしました。

それまでの僕は、生活するためにデザインでお金を得るという考え方で人生を組み立てていて、そのことにずっと違和感を持ち続けていたんです。忙しいばかりで気持ちが疲弊して、充実感や達成感がほとんど感じられなかった。

でも、田口さんの問題提起を受けて、人生の目標がはっきりしました。

「これからは、何かを残すために生きていこう」

「残すなら、仕組みだ。故郷のうきは市で、ずっと後世にも続くような、持続可能な仕組みを残そう」

ばあちゃんビジネスの構想を話すと、ほとんどの人が「儲からないし成立しない」と一蹴しました。そんな中、僕の話に共感してくれた数少ない賛同者の一人が田口さんでした。

「いいじゃん、やったらいいじゃん！」

田口さん自身が行動の人だから、僕らアカデミー生たちがこういうことをしたい、と夢や構想を話すと、決まってそう言ってくれるんです。

細かいアドバイスとかはなかったけれど、頭ごなしに否定もしない。とにかく後押ししてくれました。

何のアイデアもなしにばあちゃんビジネスを始めても儲からないのは事実だろうけれど、そこをどうくつがえすか。そこに僕のソリューションがあると思ってきたし、今でもそう信じて動いています。

世の中とか経営の常識をいきなり変えることは無理だとしても、少しずつなら変えていける。それがデザインの力です。

優秀じゃなくてもやれることがある。学歴なんて関係ないんだと、この本を読んでくれている皆さんにもお伝えしたい。

誰でも一歩踏み出せるし、きっと何かを残していけます。

さあ、あなたなら、どこに何を残したいですか？

うきはの宝

ばあちゃんの声1

國武トキエさん　七十八歳

うきはの家庭料理を若い人たちに伝えられるのが嬉しい

生まれも育ちもうきは市です。私は昔の浮羽町だった頃の町歌が大好きでね。「心ふれ合う人がいる　明るくほほ笑む人がいる　ひたいに汗する人がいる　肩を組み合う人がいる」――って。いい歌詞でしょう。この地に住んでいる人々の絆をね、大切にしたいんです。

もともと手料理の良さを伝える全国組織『食生活改善推進会』の会員で、会長も十二年間務めてきました。誰かに料理を教えるのは得意だし、好きでした。だから大熊さんから「うきはの宝を手伝ってほしい」と言われた時も、「よかよ～」って。迷いはありませんでした。

普段は農業をしていて、うきはの宝に行くのはだいたい週に一、二回。それぞれ三時間くらい働いています。いつも午前中で終わるから、疲れることはありませんよ。会社に行くと仲間がいるし、自分たちでメニューを考えるのも楽しみ。商品の試作品や料理を作る時も、みんなで話しながらワイワイやっています。

四方竹《しほうちく》をはじめ、うきはにはおいしい特産品がたくさんあるんです。これまで私たちが家庭で作ってきた地元の料理、節目ごとに食べてきたものを、うきはの宝の活動を通して若い人に伝えられることが嬉しいの。食堂で食事を作って提供したり、イベントで手料理をふるまったり、作り方を教えてあげたり、ね。お客さんとの新しい出会いが、私たちにもいい刺激になっています。

会社に不満があったら、私は遠慮なく言いますよ。いつも揉めるのは商品に値段をつける時。私たちからすると、どうしても高く感じます。大熊さんは「経費もかかっているから高くない」「これくらいの価値がある」って言うけど、もっと安く提供したい。値段つけだけは何年経っても慣れませんね。

うきはの宝

ばあちゃんの声2

内藤ミヤ子さん　八十九歳

まずは自分を大切に、無理せず楽しく仕事をしています

大熊さんと初めてお会いしたのは、二〇二三年ごろでしょうか。場所はうきは市福富コミュニティセンターの体操教室。うきはの宝の話を聞いて、「一緒に働きませんか?」って声をかけてもらいました。

食いしん坊だから、食べることに関する仕事ってまったく苦にならないんです。國武さんが会長を務めていらした『食生活改善推進会』に私も加入していましたし、家族の食事は今でもほとんど私が担当。毎日四品は食卓に並ぶように考えながら作っています。あと、ボランティアで地域のお年寄りの食事作りにも参加。食を通して社会とつながるのって、すごく楽しいんです。

うきはの宝は自宅から車で五分くらい。自分で運転して通っています。出勤は月に二、三回くらいで、それぞれ三、四時間かな。体力的にダメだな、と感じた時はお休みします。自分の健康や体調に合わせて、決して無理をしないように動くことがすごく大事。まずは自分を大切にしなくちゃね。

大熊さんは若いしエネルギッシュな人でしょう。だからどんどん行動するんだけど、そのスピードが速すぎて気持ちが追いつけない時も。ただ、メンバーの皆さんがいい方ばかりだし、仕事を通していろいろな方と交流していると、「私にもまだまだ教わることがある！」と思えてきてワクワクします。いくつになっても何かを吸収できることは素晴らしい！

お給料ですか？　それほど多くはないけれど、最初にもらったお給料は、何も言わずに働きに行かせてくれている主人にプレゼントを買いました。あとは孫におこづかいをあげたり、ね。これから年を重ねていくばかりだけど、仕事を通してみんなに慕われる人になれたら嬉しい。それが生きがいにつながりますからね。

うきはの宝

ばあちゃんの声3

内山ケイ子さん　八十三歳

毎日の食事と運動、社会とのつながりが健康の秘訣です

二十三年前、大阪から主人の実家があるうきは市に帰ってきました。そうしたら、家のまわりが自然だらけでカルチャーショックでね。國武さんや内藤さんが入っていらした『食生活改善推進会』に加入して、仲間がたくさんできました。

うきはの宝に誘ってくれたのも、その仲間たち。大熊さんがすごくグローバルな方だから、「私なんてついていけないわ」と思っていたけど、参加してみたらすごく楽しい！　今はイベントがある土日を中心に、会社にも午前中に行ける時だけ出勤しています。出勤日がきっちり決まっているんじゃなくて、好きな時に働けるのがすごくいい。暮らしにメリハリがつきます。

出勤すると集まった仲間とおしゃべりができるし、お知り合いも増えます。うきはの宝の活動以外に高齢者支援のボランティアもしているんだけど、こうして外でお会いする皆さんからエネルギーをいただいている感じです。イベントに参加していろいろな方とコミュニケーションを取ると、知らなかった知恵を学ぶこともできて、感謝することばかりなんですよ。

働き始めてもうすぐ二年。振り込んでもらったお給料は、いつか記念日に使わせてもらおうと楽しみにしています。

テレビや新聞でうきはの宝が紹介されると、「見たよ～」とか「出てたね、すごいね～」と褒めてくださる方も。でも、どこか自分のことじゃないみたいで、「あれはね、別の人なのよ」ってごまかすんです、気恥ずかしいから。大熊さんはインターネットにも強くてガンガン進んでいくけど、私はついていくだけで精一杯。ひっそり、こっそりやる方が私に合っている気がします。

それでも、毎日の食事と運動と社会とのつながりが、私の健康の秘訣！うきはの宝に参加できて、やっぱり幸せです。

第四章

ばあちゃんビジネスの課題と未来

点から線へ、そして面へ

僕の頭の中には、うきはの宝を設立するずっと前から思い描いてきた、長期的なビジネスプランがあります。

いろいろなばあちゃんたちとのネットワークを築いて、仲間になってくれる人を集めて、地道にコツコツとビジネスの基盤を築いて、それが揺るぎないものになったら通信販売を始めて……と、長い時間軸でその時々に自分が何をするべきか、どう動くべきか、頭がショートするほどめちゃくちゃ自分会議を繰り返してきました。

創業から六年間の厳しい状況も、コロナ禍こそ想像していなかったけれど、ある程度は想定していました。

大変だぞっていう覚悟があったから、どんなに壁にぶつかっても、心が折れそうになっても、何とか踏ん張ってこられた。そして、思い描いてきたプロジェクトをひとつひとつ形にするために動いてきました。

ばあちゃんたちの料理を提供する食堂や、ばあちゃんたちと作った『蜜な干し芋』などの通販商品、全国に発信する『ばあちゃん新聞』に、高齢者と地域の人々をつなぐ『ばあちゃん喫茶』……。

これまで形にしてきたプロジェクトが「点」だとすると、この点と点が少しずつつながって「線」になり始めたのが、ここ最近のことです。

通販だけで販売していた商品を『ばあちゃん新聞』でも紹介して販路を拡大するとか、ばあちゃんたちが手作りする料理をうきは市だけではなく他の地域のイベント会場でも提供するといった具合です。

そして、二〇二五年からは、こうして六年間かけてつながってきたプロジェクトやビジネスの線をさらにつないで「面」にしていく段階に入ります。

いよいよ大きく動く時が来た！

これまでずっと温めてきたプロジェクトを実現させる時が来たのです。

『ばあちゃんデザイン賞』と『ばあちゃんの学校』が始動！

今準備しているのが、『ばあちゃんデザイン賞』と『ばあちゃんの学校』。

ばあちゃんたちが活躍する場、ばあちゃんたちが目指したくなるような憧れのステージを創ります。

『ばあちゃんデザイン賞』には、大きく二つのプログラムがあります。

ひとつ目は『ばあちゃん甲子園』。

ばあちゃんたちが手がける自慢の品を評価するコンテストです。

ここでは食品部門とプロダクト部門で、それぞれ全国のばあちゃんから作品を募り、プロの料理人や料理研究家、工芸作家やアーティストなどに審査をしてもらいます。日本には年齢を重ねても第一線で活躍しているプロフェッショナルが大勢いるでしょう。その方々に審査してもらえたら、作品を出展するばあちゃんたちのモチベーションもきっと高まります。

上位に入賞した作品には賞金を授与し、商品化をサポート。すでに商品化されているものなら、さらに売上が伸びるように、僕らがバックアップします。

二つ目は『ばあちゃんフェス』。

これは、ばあちゃんたちが主役のフェスです。腰が曲がっていても、車椅子に乗っていても、オールオッケー！　もう、どこを見てもばあちゃんだらけのにぎやかなフェスにします。

メインプログラムはトークショー。一般のばあちゃんとばあちゃんジュニアの女性たちを集めて、有識者や専門家も交えながらトークショーを開きます。テーマは、年をとっても働けるってどう思うかとか、チャレンジしてみたい仕事の話とか、ばあちゃんたちから見たこれからの未来とか、ですね。

ステージ上ではばあちゃんたちのダンスグループのパフォーマンスや、シニアのイメージを一新するようなファッションショー、若々しく見えるメイクアップショーなど、様々な催しも企画。ステージを見ているお客さんも一緒に歌ったり踊ったりできる、ばあちゃんエネルギー全開のステージです。

テナントブースには、高齢者のためのメイクアップコーナーやセレクトショップ、福祉器具や介護グッズの体験コーナーがあってもいいですね。ファッション業界やコスメ業界も巻き込んだお祭りを目指しています。


「おばあちゃんたちって、カッコいい！」

「年を取るのって、なかなかいいじゃん」

「こんなばあちゃんになりたいわ」


会場に来てくれた若い世代にも、そう思ってもらえたら最高！

「私もいつかこのばあちゃんフェスに出たいわぁ」と、ばあちゃんジュニアやもっと下の世代も、みんなが希望を持って年を重ねていける。

そういう世の中の気運が盛り上がるフェスを目指しています。

すべてのばあちゃんが主役になれる

『ばあちゃんの学校』プロジェクトを始動するぞという時、いろいろなばあちゃんたちの声が頭に浮かびました。

まず、うきはの宝に「私たちも、ばあちゃんビジネスをやりたいんです」と相談を寄せてくれたばあちゃんたち。

うきはの宝には、いろいろなばあちゃんたちから相談の電話が山ほどかかってきます。働きたい、社会に出たい、という人たちも大勢います。うきはの宝のばあちゃんたちを見ていて刺激になった証でしょう。ものすごく嬉しい話です。

とはいえ、僕が一人で対応できる件数は一年間で四件が精一杯。十人未満の小規模グループを対象にした相談でもこれが限界で、個人の数にすると年間で約四十人の仕事しか創出できません。あまりにも少なすぎます。

だから、こう考えました。

社会に出たいばあちゃんたちがこんなに大勢いるなら、そんなばあちゃんたちを全国から呼んで、国や行政や企業を動かせるくらいの、でっかい舞台を創った方がずっといい！

また、「最近、母が元気ない。母を元気づけられるような場所に連れていきたい」という、うきはの宝のお客さんの声もずっと心に引っかかっていました。

前向きで元気な人はもちろん、ちょっと気持ちが沈みがち……そんな人にもパッと笑顔になってもらえる時間を提供できる方法はないだろうか？

そこからフェスのようなイベントを思いつきました。

すべてのばあちゃんにスポットを当てて、すべてのばあちゃんが主役になれる。

これが『ばあちゃんの学校』のコンセプトです。

うきはの宝では高齢者が働ける場を創出していますが、すべての高齢者に働くことを強制するつもりはさらさらありません。

「みんな働きましょう！」「雇用しましょう！」と呼びかけたって、働くことに興味がない人には届かない。だいたい、働いた方がいいよとか、お前も働けよ、なんて言う権利は誰にもありませんから。

それよりも、八十歳や九十歳になっても変わらない高齢者のエネルギーを社会にアピールする方が効果的です。

だから、『ばあちゃんの学校』は、高齢者と仕事がテーマではありません。働きたい人も働きたくない人も、健康な人もそうでない人も。みんながそれぞれの状態で、輝ける何か――趣味でもいいしボランティアでもいい、そういう何かを自分もやってみたいなと、見ている人の気持ちが動き始めるような企画を練っています。

『ばあちゃん甲子園』で商品化を後押し

『ばあちゃん甲子園』は、自分の経験から生まれたアイデアです。

僕はよく、全国各地でばあちゃんたちの手作り食品の審査員を頼まれます。ただ、そのほとんどが単発の企画で終わってしまうから、何とかならないかなぁとずっと考えていたんです。

たとえばある地域の町おこしで、その町の名物を決めるコンテストがあるとします。そこに、○○さんが作った煮物や△△さんが焼いたクッキーなど、いろいろな作品が集まります。僕ら審査員はその作品をみんなで食べて、「おいしいね！」「これが一位だ！」と言いながら審査していくのですが、順位が決まって表彰されるとそこでイベントも終わり。

これ、あまりにももったいない！　といつも思っていました。

年間百万円、二百万円という大金をかけて商品開発をしても、うまくいっていない商品が全国各地に山ほどある現状も、僕はよく知っています。たとえば、大金をかけて二十個の加工品を開発したとしても、その中から商品になるのはせいぜい一個くらい。

これもまたもったいない話、コストだってかかりすぎです。

編み物や工芸などのプロダクト作品の場合は、作るまではいいけど、いざ売ろうとすると売る場所や販路が確保できない。誰かに評価されても後に残せる機会がまだまだ少ないんですよね。

こうした宝の山が全国にたくさん眠っているんです。

だから可能性にあふれた商品を全国から募って、たくさんの商品を一堂に集めようと考えました。そして、プロの料理人や料理研究家に審査してもらって世間の注目を集められたら、商品化の後押しにもなります。

注目される場、評価される場、励みになる目標の場。そういう場になるということが、『ばあちゃん甲子園』の狙いです。

『ばあちゃんフェス』や『ばあちゃん甲子園』のプログラムを行う『ばあちゃんの学校』。その第一回目の開催は、二〇二五年秋を予定しています。
楽しみにしていてくださいね！

『Bマーク』構想

『ばあちゃんデザイン賞』
『ばあちゃんフェス』
『ばあちゃん甲子園』

この三つに共通するものは、「ばあちゃん」。
アルファベットの頭文字なら、「B」！
『Bマーク』の設立。これも今僕が進めている新しいプロジェクトです。
僕のもとにはばあちゃんの他にも、毎日山のように企業や代理店からの相談が寄せられます。

ばあちゃんたちの声が知りたいというヒアリング面での協力の依頼や、ばあちゃんたちとのタイアップ企画の相談など、相談の内容はそれぞれ違いますが、課題が解決できない一番の要因は「高齢者との接点がない」ことに尽きます。

だから、高齢者に認めてもらえる商品やサービスが見えてこないんじゃないかと思うんですね。

「だったら、ばあちゃんたちみんなでそれを選ぼうよ！」

これが『Bマーク』構想の始まりでした。

『Bマーク』は、全国の大小様々な企業が提案する、高齢者向けの商品やサービスをターゲット層であるばあちゃんたちが審査し、付与する認証マークです。

審査するのは、『ばあちゃん新聞』などを介して集まった、ばあちゃんたち。もちろん、うきはの宝のばあちゃんたちもいます。

僕らは日頃からしょっちゅう世間話をしているんですが、そこではアンケートなんかでは掘り起こせないような商品やサービスへの本音や、消費者目線の厳しい感想がどんどん出てきます。


「高齢者に優しいサービスだとか言うて、ちっとも使いやすくない」

「買ったはいいけど、説明書が全然分からん」

「毎日使うものなのに、高齢者には価格が高すぎる」

「からだにいいかもしれんけど、おいしくないわ」

「使った後にゴミばっかり出るから捨てるのが大変」


こういう本音は僕からすると宝の山なわけで、早速みんなで『高齢者が使いたい商品やサービスの十七カ条』なる認証の指針をまとめました。

原料や素材、味や使い心地、デザイン、製造方法や製造工程、環境のことを考えているかどうか、企業から感じられる姿勢や価格などなど、この十七カ条にはかなり具体的で細かい意見が集約されています。

さすがは若い頃から節約しながら買い物をして、いろいろな商品やサービスを体験してきた人たちばかり。ばあちゃんたちはみんないいものを見極める厳しい審美眼を持っていて、僕も驚かされました。

高齢者を対象にした商品開発と同時に、高齢者のニーズを探ろうとする企業の動きもこれからますます盛んになるでしょう。

そんな商品やサービスを僕らのもとに送ってもらい、『高齢者が使いたい商品やサービスの十七カ条』を基準に審査する。

そして、ばあちゃんたちが「これはいい！」と認定したものだけに、『Ｂマーク』の使用権を付与する。

これが一連の『Ｂマーク』の仕組みです。

高齢者が認めた商品だと一目で分かる

企業がこの仕組みを活用すれば、わざわざ大金をかけて自社で高齢者を集めて意見や感想をリサーチする必要はありません。

しかも、高齢者対象の商品のパッケージやPR広告などにこの『Bマーク』を入れたら、消費者に「あ、これは本当にばあちゃんが認めた商品なんだ」と一目で認識してもらえます。

もちろん、『ばあちゃん甲子園』で賞を獲得した商品には、もれなくこの『Bマーク』がつきます。大手企業だけでなく、規模は小さいけれどコツコツと実直にいいものを作り続けている企業の商品も、大手企業の商品と同じ土俵で厳正に審査できるのが『Bマーク』のいいところ。

優れた仕事や企業努力は規模の大小にかかわらず、ばあちゃんたちの目でどんどん評価していく。そんな、企業にとっても、消費者にとってもいいこと尽くめの仕組みを考えています。

これまで、医師や専門家が推奨する商品は山ほどありましたが、高齢者たちが自分たちの意志で、自分たちが決めた基準で、厳しく商品を審査するというケースはありませんでした。

その新しい試みが『Bマーク』なのです。

『Bマーク』を企業と高齢者をつなぐサインへと育てていく。これが僕の新しいミッションのひとつです。

僕の大きな願いは、うきは市のばあちゃんだけじゃなくて、全国のじいちゃんやばあちゃんが輝くこと。そうして、じいちゃんやばあちゃんの知識や知恵、経験を、次の世代に受け継ぐことです。

『ばあちゃんデザイン賞』も『Bマーク』も、僕が長年温めてきた企画です。ただ、誰にも知られていない時に試みても、誰もついてきてくれなかったでしょう。うきはの宝のばあちゃんたちが働いて、輝く姿で「年を取っても働けるよ！楽しいよ！」と実証してくれた。こうした実績があるから、『ばあちゃんデザイン賞』や『Bマーク』の実現へ向けて動き出せるようになりました。

『ばあちゃんデザイン賞』も『Bマーク』も年に一回のペースで定期開催していく予定です。僕はプラットフォーマーになりたいわけじゃないけれど、言い出しっぺだから責任を持ってこのプロジェクトを取りまとめます。表に立ってPR活動もします。

なぜならこの取り組みはぜったいに大きくなるから。最初は小さい規模からでも一歩ずつ進んでいけば、必ず道は広がる。

ばあちゃんたちの「B」カルチャーをメジャーにする自信が僕にはあります。

『ばあちゃん新聞』の販売代理店を全国に

『ばあちゃん新聞』の次の手も考えています。

今、三十地域くらいに配備している代理店を全国に広げていくのです。

代理店は僕らの取り組みを応援してくれている一般の方々や特派員が代理店を兼ねているケースもあります。代理店の方々は販売代理店として新聞の契約を取ってきてくれます。一般の新聞と同じように、地道にやっていこうとしています。

新聞社や食品会社など大手企業さんから「支援をしたい」というお声はたくさんいただいています。ものすごくありがたい話です。でも、それならお金での支援ではなく、『ばあちゃん新聞』の販売面でご協力いただける方がずっと助かります。

今、新聞を取る人が減っていますよね。大手の新聞社も悩みに同じです。だから、『ばあちゃん新聞』をノベルティにして、互いの販売網を共有させてもらえないかと相談を持ちかけています。

企業とのタイアップには読者層を広げるというもうひとつの狙いがあります。今持っているネットワークだけ何とかしようとするんじゃなくて、他社と情報を共有し合いながら新しい可能性を切り拓いていく。うちも、相手の企業も、それぞれにメリットがあるつながりを築いていくべきです。

うきはの宝に支店はいらない

うきはの宝が目指す目標は年商一億円（仮）！

何度も言いますが、一億円を達成したら三億、三億を達成したら五億……と、常にその上を目指していく。だから（仮）です。

でも、ばあちゃんビジネスが一億円になるよ、儲かるよ、という話がしたいのではありません。

第三章でも書いたように、もっとコンパクトな規模で年商千八百万円くらいのビジネスでも、社員も働くじいちゃんやばあちゃんも、みんながハッピーになれる目算はあるのです。

それなのに、大熊はなぜ年商の目標をどんどん上げていくのか？

事業を拡大するのか？——そんな疑問の声も聞こえてきます。


答えは、「このままだと、うきはの宝だけで終わってしまうから」です。

うきはの宝を創業して六年かけて、今ここで止まってしまったら、せっかく全国に向けて盛り上がってきた、高齢者が輝ける場を創出しよう、みんなが希望を持てる国にしていこうという気運はすぐに引いてしまいます。


「もっと、じいちゃんやばあちゃんが輝ける場を増やそうや」

「みんなが高齢者ビジネスに参入しやすいようにしよう」

そんな世の中の気運をもっともっと盛り上げて、広めて、定着させていく。これはもう、僕の人生をかけたミッションです。

われわれもこの地域で！　と立ち上がる人が増えるのが一番！

その中に、僕らのように年商一億円を目指す人がいてもいいし、目指さなくてもいいんです。その人、その地域の高齢者ビジネスが必ずあるんだから。

うきはの宝をフランチャイズ展開しませんか、というお話もよくいただきます。ただ、一般的にイメージされているフランチャイズ展開は、僕の本望じゃありません。なぜなら、加盟店のオーナーになる人の金銭的な負担が大きい上に、ばあちゃんたちの苦労も目に見えるからです。

僕が単に儲けたいなら、うきはの宝をフランチャイズ化して、いくらでもわれわれに有利な条件を提示できます。でも、僕はそういうビジネスがしたいわけじゃないんですよね。

本部に数百万円とかの高い加盟料を払って商売をする、売上の十から十五パーセントのロイヤリティが取られる、仕入れを指定される……そんな余裕のない人々に、さらに金銭の負担がのしかかるようなシステムに、僕は賛同できません。
儲けることだけが目的じゃなくて、老若男女すべての世代がみんなハッピーに輝けるビジネス作り、それが僕の目的だから。

そう考えると、うきはの宝をフランチャイズ化して、他の誰かのビジネスをうちのコントロール下に置くのは現実的じゃないんです。
全国にうきはの宝の支店がたくさんできるよりも、僕のビジネスを参考にしてもらいながら、あっちでもこっちでも
「うちの地域でもやってみようか！」
と、立ち上がる人が増えてくれる方がずっと理想的。

そして、チャレンジするすべての人が大赤字を出さずに、地元のばあちゃんたちと新しいビジネスに取り組み続けてくれると、めちゃくちゃ嬉しいです。

必要なのは地域との協働

「大熊さんは時代に逆行している」と、よく言われます。効率が重視される現代、ばあちゃんビジネスは非効率的だと思われているようです。

確かにそうかもしれないけれど、決して方向性が間違っているとは思いません。

実際に、全国の自治体からは地域のじいちゃんやばあちゃんが働く喫茶店を始めたいという声がたくさん上がっているようですし、僕がやろうとしている『ばあちゃん喫茶』にも、導入したい、やり方を教えてほしいという声を全国からたくさんいただいています。

ただ、『ばあちゃん喫茶』は広め方が問題なんですよね。地域の特性に合った器作りが大前提なので、ビジネスモデルにしてパッケージごと高く売るというやり方をするにはまだまだ課題が多すぎます。

もっと違うやり方を模索したいし、あるはずなんですよね。

たとえば、今増えているのが、子ども食堂に『ばあちゃん喫茶』を組み込めないだろうか、という相談です。子ども食堂とは、家庭の事情で家で食事ができない子どもたちに、無料で食事を提供するサービスです。僕にとっては子どもたちも「宝」だから、子どもたちの成長を支えるお手伝いにじいちゃんやばあちゃんのパワーが役立つなら、すごくいいアイデアだと思うんです。

もしくは、初期費用を八十万円とか百五十万円とか、通常の十分の一に圧縮して、『ばあちゃん喫茶』のノウハウだけを提供するとか。これなら創業前の僕のようにお金がない若者もチャレンジしやすいかもしれません。

いろいろな発想があるけれど、すぐに実践するにはまだ深掘りが必要です。

目指すのは、コミュニティの中にゆるやかに、自然に入り込んでいけるビジネスなんです。

『ばあちゃん喫茶』も、うきはの宝だけじゃなくて、地域と協働でやっていかないと成り立ちません。フランチャイズ化して一億円目指しましょう、という価値観じゃないんです。

売上を上げる手段として『ばあちゃん喫茶』を考えているのだとしたら、めちゃくちゃ効率が悪い。当然、ビジネスですからマイナスにしてはいけないけれど、目的はあくまでじいちゃんやばあちゃんの活躍の場を創ること。ここを見誤ってはいけません。

継続するために売上が必要で、だから僕自身のチャレンジにも終わりはないんです。

頼りになるハイテクばあちゃん

ここ数年で、あらゆる企業が急激にじいちゃんやばあちゃんを顧客対象として見るようになってきました。

東京の上場企業や大手新聞社、広告代理店など名だたる日本の大企業が、ばあちゃんたちの実態を知りたいと、うきはの宝を訪ねてくださいます。

こうした大企業が、うきはの宝に興味を持ってくださるのはどうしてでしょうか。

まず、高齢者そのものに商品を売りたいという理由があります。

新商品の開発に高齢者の意見を取り入れたいという理由もあります。

また、マーケティングの観点から見ると、ばあちゃんたちを意識しているように見えて、じつはその子どもや孫に当たる層の消費を動かすことが目的の場合も考えられます。

そして、社会貢献性の向上が目的の場合も。じいちゃんやばあちゃんを支える企業にスポンサーとして協賛しパートナーになることで、社会貢献という企業目的も達成されます。


目的や理由はそれぞれですが、超高齢社会の到来は予測していたものの、これだけ早く、人生一〇〇年と言われる時代が来るとは思っていなかったのかもしれません。または、超高齢社会を想定していたとしても八十歳、九十歳という後期高齢者たちがこれほどまでに元気で、消費のメインターゲットになるとは予測できなかったのではないでしょうか。

だから、ＩＴを駆使して急いで高齢者のデータを集めようとする。これでは高齢者と接点が生まれないのも無理ありません。

でも、うきはの宝には、そのデータがすでにある。

僕がコツコツ、コツコツ、今でも全国の高齢者からリアルな本音を集め続けているからです。この膨大なデータこそが、高齢者とつながるヒントになる宝の山なんです。

僕が地道に積み重ねてきたような非合理的なマーケティング方法は、合理的な仕事を目指す企業が実践するのはまず無理でしょう。

地域に入り込んで話をする、悩みを聞いて相談に乗る、親しくなった人の家には足を運ぶ、他愛のない世間話をする、グチや悩みも聞く、それでようやく信頼してもらう……大企業には難しいですよね。

しかも、今僕らは、大企業ができないその地道なマーケティングの合理化を進めようとしています。

ここで活躍してくれるのは、ＬＩＮＥができる全国のハイテクばあちゃんたちです。その数は現在のところ約千人。まだまだ多いとは言えませんが、ＳＮＳでつながって情報を交換したり、情報のシェアや拡散をしてもらったり。これまで以上にスピーディにうちの会社のことを認識してもらっています。『ばあちゃんデザイン賞』や『Ｂマーク』認証のＰＲの時も、このハイテクばあちゃんたちに活躍してもらう予定です。

もちろん、マーケティングの量や質も飛躍的に向上するでしょう。

どの地域にどんなばあちゃんたちが住んでいるのか。彼女たちがどういうことを考えながら生きているのか。何を欲しているのか——そういう生きた情報をすばやく集めて、提供できるようになります。

電話だけでつながっているばあちゃんたちはもっと大勢います。その中にはまだまだたくさんのハイテクばあちゃんの卵がいるでしょう。

だから僕はどんなに忙しくても、月に百件かかってくる電話に出て、情報を集め続けるんです。

ばあちゃんたちは僕の大切なビジネスパートナーです。

そして、企業も僕らが高齢者ビジネスを育てていく上で欠かせないパートナーです。

ばあちゃんたちには知恵や知識や本音という宝を、それが欲しい企業からはお金をいただきながら、互いが必要なメリットを分かち合う。

こうしてばあちゃんビジネスの未来を拓いていこうと考えています。

必要なのはシニア専用の雇用制度

高齢者ビジネスの最大の課題。それは、二十歳と八十歳の雇用制度がいまだ同じということです。

昨年、全国の最低時給が上がったというニュースがありました。これは雇用される側からすると、嬉しい話です。働く時間は同じでも給料が増えるんですから。

一方で、人件費が高騰すると雇用する側の会社は経費がかさみます。原材料費なども上がり、さらに上がった人件費を捻出するために、会社は生産しているものの値段を上げなければなりませんが、そう簡単に商品の価格は上げられません。

スタッフの給料は上げてあげたいけれど、経費がかさむと経営が苦しくなる。この狭間で経営者は苦しんでいます。

どうせ高い人件費を払うなら、高齢者よりもからだが丈夫で長く働ける若手を採用した方がいい。企業や経営者にとっては当然の考え方です。

うきはの宝では、ばあちゃんたちの時給もアルバイト契約の場合は福岡県が定める最低額を払っていますが、若い世代よりもゆっくり、のんびり働く高齢者に若い世代と同じ時給を支払うとなると、もっと長い時間働いてもらわなければ割に合わなくなります。すると、長時間つらい思いをして働いてもらい、体調が悪い時にも無理して出勤してもらわなければならなくなる……こういう悪循環が起こると「やっぱり高齢者は雇わない方がいい」というオチになってしまいます。

だから、僕は厚生労働省に「シニア専用の雇用制度を作ってほしい」とかけ合い続けています。

たとえば、通常の最低時給が千円だとするなら、シニアの最低時給は六百円でい い、と。そして、残りは国が負担するような仕組みにできないものか、と。

これなら企業も高齢者を雇いやすくなるでしょう。実際に、僕がヒアリングしただけでも時給が五、六百円なら高齢者でも雇いたいという企業はあります。時給の問題がクリアすれば、高齢者ビジネスの浸透も早くなるはずです。

企業が安い給料でシニアを雇用し始めたら、若者の活躍の場がなくなる！　老害だ！　……そんな声が聞こえてきそうです。

でも、全然違います。体力があり長時間働ける若者が活躍する場と、ゆっくりと短い時間しか働けない高齢者が活躍する場は、そもそもまったく異なるからです。

つまり、シニア専用の雇用条件を定めて、七十歳や八十歳になっても活躍できる多様な場を、若者が働く現場とは別に創出することが大事なんです。

ばあちゃんビジネスがやろうとしていることは、結構、理にかなっていると思うんです。国全体の予算の中で高騰している社会保障費を、高齢者自身が輝く場を創って、高齢者の活躍によって何とか抑えていこうぜ、って話だから。

じいちゃんやばあちゃんたちは、別にロボットみたいに効率よく何かを生み出さなくてもいいんです。ただ、記憶の中にある知恵を活かしながらゆっくりと、少しずつ手を動かして成し遂げる仕事も、お金を生み出すひとつの経済活動です。仕事をして収入を得る。手にした収入で欲しいものを手に入れる。そうして経済が回り、社会を支えていく——。そうした経済循環の中に高齢者が加わると、日本全体がもっと活気づくように思います。

認知症率が高い日本

高齢者に「収入」と「生きがい」を——。そんなかけ声からスタートした、うきはの宝の取り組み。その想いは今も変わりませんが、最近特に世間から評価されている点は「認知症に関する効果」です。

認知症は、超高齢化が進む日本の未来に関わる深刻な課題のひとつです。厚生労働省の研究班が二〇二二年に発表した資料によると、日本の六十五歳以上の高齢者のうち、認知症高齢者数は二〇二二年の段階で約四百四十三万人。その数は二〇四〇年には約五百八十四万人に増加し、軽度の認知障がい（ＭＣＩ）を持つ高齢者は六百十二万人になると推計されています。

こういうデータを見ると、「認知症になったらどうしよう」と、たくさんの日本人が不安になるのではないでしょうか。

僕のもとには、うきはの宝の取り組みを評価してくださる医療関係者や地域作りに取り組む方々との対談依頼が増えています。

そして、専門家の方々のお話をきっかけに、認知症について多くのことを知りました。超高齢化が進む日本に認知症の高齢者が増えるのは当たり前であること。認知症は病気ではなく、加齢とともに誰でもなる可能性があること。現時点では進行を遅くすることはできるけれど、治すことはできないことを学びました。

ある専門家の先生は医学的な見地から「認知症の進行を遅くするには、働くことがとても有効なんです」と言ってくださいました。

やっぱりそうか、と勇気づけられました。それまでも何となく、自分らしく働ける場は高齢者の健康にもいいんじゃないかと思っていましたが、先生方と話していてそれが確信に変わりました。


日本人の認知症率は先進国の中でも最も高いそうです。僕はずっとそれはどうしてなんだろう、と疑問に思っていました。

でも、認知症の専門家の方々とお話しするうちに、その理由のひとつに、日本の高齢者の孤立と貧困が関わっているように思えてきました。この二つの要素って、本当に人の精神をむしばむんです。実際に僕もそうでした。

貧困の問題を解決するためには国の仕組みを変える必要があり大変ですが、孤立の問題なら高齢者本人にもできる対策はたくさんあります。

まずは、外に出ることです。
第三章でも、人間には「適度なストレス」が必要だと思うと書きました。

人と会ってあれこれ考えながら話をする。
面倒だなと思っても近所のサークルに参加して体を動かす。
ひとつのチームで連携を取りながらミッションに取り組む。
自分のことだけじゃなくて、誰かのことを心配する。
大変だけれど誰かの役に立っていると実感する。

そういう、一人で過ごしている時には感じないちょっとしたストレスって、多少やっかいかもしれないけれど、やっぱり必要なんです。
誰とも関わらず、誰からも必要とされずに過ごすのは、外部から受けるストレスはないかもしれないけれどつらいものです。

孤立と貧困は別の問題のようにも見えますが、まったくつながりがないわけでもありません。

僕が『ジーバー』の活動で出会ってきた地元のじいちゃんやばあちゃんの中には、生活するお金が足りないから買い物にも行かず自宅に引きこもっていた、働く場所がないから外に出かけるきっかけを見失っていた、そんな人がたくさんいました。

自ら好んで人との関わりを絶ったわけではありません。気づかないうちに社会とのつながりがなくなって、気づいた時には孤独になっていたのです。

日本は急激に高齢者の数が増え続けているけれど、健康で仲間が大勢いる人だけではなくて、孤独な高齢者も同じように増え続けているのかもしれません。

そういう人たちの気持ちが少しでも外に向くようなきっかけを、僕らは高齢者ビジネスを通して創っていくべきだと思うのです。

『孫トーク』の試み

社会とつながりたくても、外に出かけられない人もいますよね。からだが思うように動かせないとか、交通手段がないから出かけられないとか、感染症や熱中症が怖いから出かけられないとか。

日本には、そんな一人暮らしのじいちゃんやばあちゃんが数百万人単位でいると言われています。

僕らはそんなじいちゃんやばあちゃんの健康を電話での簡単なおしゃべりを通して見守るという、サポートサービスを準備しています。

サービスの名前は『孫トーク』。発案者はうきはの宝を手伝ってくれていたインターンの大学生です。

サービスの内容は、とてもシンプル。スタッフがじいちゃんやばあちゃんに電話をして、十分から二十分間おしゃべりをするだけです。じいちゃんやばあちゃんのご家族に契約者になってもらい、一週間にかける電話の回数を選んでいただく。電話で話した内容はご家族にも報告しますし、異変を感じたらすぐに連絡を入れます。

今は、じいちゃんやばあちゃんが知らない人と電話で仲良く会話ができるのか、どのような話の内容なら会話が弾むのか、どんなエリアにこのサービスを提供するのが有効だろうか……と、いろいろと角度を変えながら実証実験を行っているところです。実験を繰り返しながらどのような問題が起こるのかを洗い出しています。まだ改善の余地はありますが、『孫トーク』の定期的な電話サービスによって、じいちゃんやばあちゃんの健康状態が確認できるし、認知症に起因する病気の早期発見にもつながります。個人的にもぜひ実現させたいサービスです。

『孫トーク』のようなコミュニケーションは、認知症にも効果的だという科学的な資料もあります。

僕が直感的にこれだ、と思ったのが、『グッド・ライフ　幸せになるのに、遅すぎることはない』（ロバート・ウォールディンガー　マーク・シュルツ著　児島修翻訳　辰巳出版）という本です。

この本には、八十四年という歳月をかけて「幸福」というものを科学的に研究してきた、ハーバード大学の研究結果が書かれています。

まず、幸福で健康な人生を送るための鍵とは、「良い人間関係」だというフレーズに、かつてばあちゃんたちとの出会いで人生をやり直すことができた僕は強く共感しました。やっぱり人と関わり合うことが重要なんですね。

良い人間関係を育むのに肝心なのはコミュニケーションですが、この本では深いコミュニケーションよりも、あいさつ程度でいいから対面でちょっとしたことを話すのが一番良いとありました。

「○○さんが笑顔であいさつしてくれた」。これだけで、十分に人は幸福になれるし、「ありがとう」と感謝されるだけで、自分の存在を認めてもらえたという安心感が得られるそうなのです。

『孫トーク』の短い会話でも、その幸福感は届けられるのではないかという手応えを感じる内容でした。

読んでいるうちに、入院中の僕にガンガン話しかけてきた、ばあちゃんたちのことを思い出しました。ばあちゃんたちと深い話は何ひとつしてこなかったけれど、僕の心を開く力になってくれたのは確かです。幸せな人間関係って、けっこう身近な日常にあるんですね。

人が幸福になれる四つの因子

以前講演を聴いた日本の幸福学の第一人者、慶應義塾大学大学院の前野隆司教授のお話も興味深いものがありました。

前野教授の説によると、人は四つの因子を満たすと誰でも幸せになれるそうです。その因子とは、次の四つです。

「やってみよう」という自己実現と成長の因子。
「ありがとう」というつながりと感謝の因子。
「なんとかなる」という前向きと楽観の因子。
「ありのままに」という独立と自分らしさの因子。

前野教授のお話は、ばあちゃんビジネスが目指すところと多くの共通点がありました。

「最初は難しいかもしれないけれど、みんなでやってみよう」
「知らない町にも出かけて、お客さんに喜んでもらおう」
「ちょっとの失敗くらい大丈夫、なんとかなるよ」
「自分らしく得意なことで世の中の役に立とうよ」

すべて、うきはの宝で繰り返し言い続けてきた言葉です。それに、うきはの宝で活躍してくれているばあちゃんたちは、もともとこの四つの因子を持っている人が多かった。だから元気なんですね。

僕自身も、そういうばあちゃんたちの気運を盛り上げて、ビジネスを動かしたいと実践してきました。ああ、僕がやってきたことは間違っていなかったな、まだまだできることがあるな、と改めて思わせてもらいました。

一緒に旗を振りませんか

世界の幸福度調査で何度も一位に輝いているフィジー共和国では、道行く人がみんなあいさつを交わすそうです。

相手が知っている人でも知らない人でも、笑顔であいさつをする。「おはよう」とか「こんにちは」とか「元気にしてますか」とか。ごくごく短いひとつのコミュニケーションで、互いの存在を知ることができるし、互いに幸せを感じられる。そして、毎日その幸福感は積み重なっていくんですよね。

あいさつって、最強です。

そう考えてみると、日本という国は幸福度とは逆方向に進んでいるように思えてなりません。

昔は道行く人も気軽にあいさつを交わしていたし、ご近所づき合いも盛んだった。

田舎では今もそういう良さが残っていますよね。僕もよく道で知らないじいちゃんやばあちゃんにあいさつをして、あいさつをきっかけに他愛もない話をしながら親しくなってきました。

でも今のご時世、特に都会では見知らぬ人にあいさつをすると「ヤバい人」だと思われて、警戒されてしまいます。ご近所づき合いもどんどん減っているし、変なトラブルに巻き込まれたくないから、誰もが他人とはできるだけ言葉を交わさなくてすむように行動する。ＡＩの進化で人と話したり対面しなくても物事が解決できる時代。そうして、人と人とのコミュニケーションがどんどん希薄になっていく……そう思うと、けっこう息苦しい社会です。

必要以上に相手に干渉するのは良くないけど、まったく関わろうとしないのはもっと良くありません。

人と会わない、お金がかかるから外にも出ない。そうやって孤独や貧困で悩んでいるじいちゃんやばあちゃんが今これだけ多いということは、僕らが年を取った未来もそうなる恐れがあるんだと危機感を持った方がいい。実際に孤独や貧困の波は若者層にも確実に押し寄せています。
ばあちゃんビジネスが、こういう息苦しい、生きづらい社会を変えていくきっかけ、風穴になれたらと、ずっと考えています。

じいちゃんやばあちゃんが輝ける場を創出すれば、
日本の高齢者の認知症率を下げることにもつながる。
健康に不安のないじいちゃんやばあちゃんが増えれば、
日本の社会保障費の削減にもつながる。
全国に元気なじいちゃんやばあちゃんが増えると、日本全体が明るくなる!

かつてそう思った僕の直感は、決して的外れではないと思っています。
行政や企業、医療や福祉機関とも連携を取りながら、いくつになっても、家族がいてもいなくても、社会や地域とゆるやかに長くつながり合える社会作りを今から始めなければ。そうでなければ、今はかろうじて何とかなっていても、十年先、二十年先の社会に夢は描けません。

僕ももう四十代。ここがギアの入れ時です。

かつて木藤亮太さんに言われたとおり、世の中に向けて旗を振るのが僕の役目。この先もブンブンブンブン、威勢良く旗を振り続けます。

全国各地で僕のようにブンブンブンと旗を振る人が出てきてくれたら心強い。一緒にじゃんじゃん旗を振りませんか。

僕がこれまで身をもって学んできたこと、糧にしてきたことが、新しく高齢者ビジネスに挑戦する人の力になれるのなら、喜んで相談に乗りますし、アドバイスもします。

今のじいちゃんやばあちゃんたちのためはもちろん、やがてじいちゃんやばあちゃんになる僕らや、僕らの下の子どもたちの世代のためにも、世の中をいい方に変えていきましょう！


世の中を動かしていくのは他の誰でもない、僕ら自身です。

【認知症専門医から見たうきはの宝の魅力】

人と会う、生きがいを感じる
適度なストレスがばあちゃんたちを元気にする

うきはの宝のばあちゃんたちは、なぜ年を重ねても輝いているのか。高齢者の仕事と認知症にはどのような関係性があるのか。認知症専門医　内田直樹先生にお話をうかがいました。

七十五歳以上のばあちゃんたちが働くうきはの宝の活動を知った時、面白い試みだなと興味を持ちました。

認知症の備えに有効なのは、「人と話すこと」「運動」「バランスのいい食事」「規則正しい生活」。活動としては、公民館活動やゲートボール、デイサービスなどが有効なのです。

うきはの宝の良さは、一人と話すこと」に加えて、ここでの仕事がばあちゃんたちの「生きがい」につながっているところです。自分たちが身につけてきた知恵や技術が商品になり、世代や地域も超えて多くの人に喜んでもらえているのだから、「またがんばっておいしいものを届けよう！」と思える。これこそ「生きがい」です。

「生きがい」がある人は認知症の進行がゆるやかであることが研究で示されています。逆に「生きがい」つまり、生きる意味を奪われると認知症の進行は加速します。よく高齢の親の手足の機能が衰えると、「危ないから」と家族が代わりにやるようになりますが、これが本人の生きがいを奪っている場合もあります。

また、脳は使わないと衰えやすくなる半面、適度なストレスつまり、適度な刺激によって鍛えることができます。ストレスの度合いは個人によって異なりますが、人と会って話をする、頭を使ってゲームに参加するのは程良い刺激と言えます。

たとえばこんな実験結果があります。ある運動サークルで、以下の四タイプの人々の四年後の要介護発生率を調査しました。

(1) 運動サークルに参加して、運動している人
(2) 運動サークルに参加しているが、運動しない人
(3) 運動サークルに参加せず、ひとりで運動する人
(4) 運動サークルに参加せず、運動をしない人

最も要介護発生率が低かったのは(1)のタイプ。要介護率が低かった順に(2)、(3)、(4)と続きます。運動量が多いか少ないかよりも、人とつながるという社会参加がいかに脳にとっていい刺激となり、健康を維持する上で重要かが分かります。

うきはの宝のばあちゃんたちの仕事にも、いい刺激が感じられます。「これは私の役割だ」と感じられる仕事を任され、目標に向かって仲間とワイワイ行動しながら、社会参加をしている。強制労働ではないところがいいんですね。

年を取ると人と会うのがおっくうになり、自宅に引きこもりがちですが、脳は使わないと働きが弱ります。体力と機会があるなら外に出ていって、人と関わって、

働く方がずっといい。できれば自分と背景が同じ人ばかりではなく、違う人とつながる方が視野も広がり、適度な刺激になっていいでしょう。うきはの宝のように多世代で集まり協働するのは理想的です。

お金だけではなく、人とのつながりもまた人生の資本です。社会とのつながりは健康寿命に大きく影響しています。

内田直樹（うちだ・なおき）

たろうクリニック院長。日本老年精神医学会専門医。日本認知症学会の代議員。福岡市のたろうクリニックにて認知症外来と在宅医療で毎月約千二百人の患者を診察。全国でも数人しかいない認知症の在宅医療の専門医でもある。福岡市が健康社会に向けて産学民で取り組むプロジェクト『認知症フレンドリーシティ』にも参画。行政と連携し認知症フレンドリーな町作りに取り組む。二年ほど前にツイッター（現・X）でうきはの宝の存在を知り、クラウドファンディングで活動を支援。

あとがき

すぐそこまで迫っている日本の超高齢化。この課題をどう乗りきるのか、世界中がこの国に注目しています。

そんな中でばあちゃんビジネスを立ち上げた僕は、突出して珍しい存在なのでしょう。講演依頼は絶えず、月の半分以上は全国を飛び回っています。「大熊さんはすごい」「あなたのようなビジネスを始めたい」……そういう感想を山ほどいただきます。特に高齢者ばかりが増えて元気がなくなる地方都市の人にとって、ばあちゃんビジネスは小さな希望の光に見えるのかもしれません。

注目されて良かったじゃん、と思う方もいるでしょうが、とんでもない！

僕はめちゃくちゃ焦っています。

何しろ超高齢化の波は待ったなし。今のままでは働き手は減っていくのに社会保障費はどんどん膨れ上がり、恐ろしい額の税金がそこに取られていく。企業や国民はその税金に苦しみ、事業の継続が困難になる。「本当に、どうすんの？」という感じです。ルールを根本から変えていかないと、国が破綻します。

今この国は、いつ、誰のために作ったのかが分からないような「謎ルール」でがんじがらめになっていて、誰もハッピーになっていないのに、この謎ルールがおかしいと疑問に思う人は意外と少ないんですね。だって、それがルール＝守るべきものだという認識だから。

もちろんルールを守るのは大切だけれど、人が振り回されるだけの古いルールは、時代に合わせて自分たちで変えていかないと意味がないと思いませんか。

七十五歳以上の高齢者が働けない現状も、謎ルールの影響です。

今の日本は会社を退職した高齢者は年金で暮らしましょう、という考えですが、ここがもう破綻しています。僕がリサーチしただけでも、年金だけでは暮らせない貧しい高齢者がほとんど。孤立して孤独になり、心身ともに衰えていく。そういう悪循環が今のままでは止まりません。だから、高齢者が元気に活躍できる場を社会に創出して、この悪循環を断ち切ろうぜ、赤字になってる国の財政を圧迫している社会保障費の支出を減らしていこうぜ、っていうのが僕の考え。そのためには、うきはの宝と同じ、民間企業の力が重要です。

民間企業の皆さん、うきはの宝と共創しませんか？

僕らが培ってきたばあちゃんビジネスのノウハウやネットワークを、皆さんの会社のビジネスに活用して、高齢者が元気に健康寿命を全うできるような日本を一緒に創っていきましょうよ！

超高齢社会の課題は、企業の課題でもあり、いずれ高齢者になる現役世代の課題でもあります。行政の力も大事ですが、行政が何かを変えてくれるのをただ待っている時間は僕らにはありません。

世の中を創っていくパワーは民間の人々の中から生まれるべきもの。民間企業の側から盛り上げていくムーブメントによって世の中の意識は変えられるし、古い謎ルールを改変する力になると信じています。

創業から六年かけて築いてきたうきはの宝の事業も、まだまだここから進化していきます。構想はありますが、コロナ禍の経験から計画に固執しすぎない柔軟性の大切さも学んだし、行き詰まった問題をどう解決していくのかにこそ、デザインの力が試されるのだと感じています。

高齢者になっても仲間と楽しみながら働ける機会は、心身をリフレッシュさせてくれるストレッチのようなもの。働く＝苦しい、ではなく、高齢者が働くイメージを僕らのビジネスで前向きにリデザインしていきます。

最後に、僕が考えていたビジネスがある程度形になって、次のフェーズに向かおうとしているジャストなタイミングで、ビジネス本の出版のお話をくださった小学館の木村さんには、いいご縁をいただき感謝しています。

そして、僕のビジネスの同志である、うきはの宝のばあちゃんたち、僕が仕事に全集中できるように、自身も働きながら日常を支えてくれている妻の直子にも、この場を借りて心から感謝を。いつもいつも、本当にありがとう！

全国のじいちゃん、ばあちゃんたちが輝ける日本を目指して。

二〇二五年二月末日

うきはの宝株式会社代表取締役　大熊　充

大熊　充（おおくま・みつる）

1980年、福岡県うきは市生まれ。うきはの宝株式会社代表取締役。地元の高校を中退後、独学でデザインを学び、2014年デザイン会社を創業。デザイン会社経営の傍らソーシャルデザインを学び、地元うきは市の地域課題を解決すべく様々な活動を開始。生活に困窮し、生きがいを失っている高齢者に「生きがい」と「収入」を創出すべく2019年、うきはの宝株式会社を創業。福岡県知事賞を受賞した『蜜な干し芋』、発行部数5000部の『ばあちゃん新聞』など、ばあちゃんの知恵を活かしたヒット商品を続々と世に送り出す。75歳以上のばあちゃんがいきいきと働くうきはの宝の取り組みは、認知症専門家からも注目を集めている。

うきはの宝株式会社HP　https://ukihanotakara.com/

年商1億円！(目標)ばあちゃんビジネス

2025年4月7日　初版第1刷発行

著者	大熊　充
発行人	石川和男
発行所	株式会社小学館
	〒101-8001 東京都千代田区一ツ橋2-3-1
	編集：03-3230-5651　販売：03-5281-3555
印刷所	TOPPAN株式会社
製本所	牧製本印刷株式会社

装丁・デザイン	金井望美（うきはの宝）
写真提供	うきはの宝株式会社
DTP	株式会社昭和ブライト
校正	玄冬書林
構成	重村直美
編集	木村順治

ISBN978-4-09-389191-2